仕事ができ

思考
習慣

習慣形成コンサルタント
吉井雅之 著

大和書房

成功するための「習慣ソフト」を脳にインストールしよう

この本を手にとっていただき、ありがとうございます。

経営コンサルタントとして、習慣形成コンサルタントとして、30年間、企業様の顧問や人材育成、教育の現場で活動させていただいています、吉井雅之です。

まずは、そもそも「仕事ができる人」と「仕事ができない人」がいるわけではないということを、声を大にしてお伝えしたいと思います。

現代は、社会情勢が私たちの力の届かないところでどんどんと変化し、時代の変化にともなって人の価値観も多様化しています。

そのため、従来は正解に対して自主性を発揮してこなしていけば、そこそこ優秀な「できる人」との評価が得られたことも、「今、それやっても古いよね」「時代遅れだよね」と評価されるようになり、あらゆる場面で個々のビジネスパーソンとしての主体性を身につけ、発揮しなくてはいけない世の中になっています。

皆さんは、この「今の状況」に気がついて、理解していますか?

私たち人間の脳を、コンピュータにたとえて考えてみましょう。人間の脳は、コンピュータ10万台以上を優に超える能力があると言われています。ところが、人によって発揮できる能力はまるで違います。組織の中では、同じような名刺を使い、全員が同じ研修を受けているにもかかわらず、結果がまるで違うということを不思議だと思いませんか? 自分の能力を最大限に発揮し、夢や願望を着実に実現していく人もいれば、必死に努力しているのに一向に芽が出ず、なかなか成功できない人もいます。また、努力したくてもその努力ができずに、折角身につけている能力を埋もれさせてしまう人もいる。

しかし、実際には**その結果をまわりが見て、感じて、「できる人」と「できない人」と判断しているに過ぎない**のです。この差は脳の出来の違

い、つまりコンピュータのハード的な差ではありません。**あなたの脳のコンピュータが実行している " ソフトの違い " なのです。**

「できる人」の脳には「成功するための習慣ソフト」「できる人になっていく習慣ソフト」が入っているから、できる人になっていきます。一方で、凡人の脳には「成功できない習慣ソフト」「できない人になってしまう習慣ソフト」が入っているから、どんなにがんばっても、できない人になってしまうのです。脳のコンピュータのハード部分のパーツと設計は、誰もが同じです。要はソフトウエアの問題なのです。

私たちの心の動きや価値観、生き方などは、このソフトウエアの領域に属します。ハードウエアが同じだとしても、**その人がどんなソフトを脳にインストールするかで、同じキャパシティの機械が、まるで違った能力を持つようになり、似ても似つかぬ脳をつくり出してしまうのです。**

人生は十人十色で、同じ人生なんてありません。ワクワクと働き、日本の、世界の未来を変えていくような成功者になる人もいれば、自分のペースを守り、着実に実績を積み重ねる人もいます。一方で、なんの希望もなく、毎日与えられた仕事をこなすだけの人もいれば、中には自らの人生を破滅の方向へと進めてしまう人もいます。

重要なのは、みんなハードウエアは同じだということです。ただ、それぞれの人の脳には別の「習慣ソフト」がインストールされているということです。単純に、習慣ソフトの違いでしかないのです。

本書では、「思考習慣」にスポットを当て「仕事ができる人」だけではなく、その延長線上で「人生を豊かに過ごす人」になっていただくためのメソッドをご紹介します。過去の言動、思考など、1つ1つの積み重ねが、今の自分をつくり上げてきたのです。**習慣が変われば、人生が変わります。**みなさんも、夢や望む未来、そして理想の自分に向けて、習慣をほんの少しでもより好ましいものに変えていきましょう。

本書をきっかけに、成功するための習慣ソフトである、「仕事ができる人になる思考習慣」をインストールしていただければ幸いです。

習慣形成コンサルタント　吉井雅之

第2章 | 誰にでもできる「習慣化」のコツ

第3章 | 「仕事力」を伸ばす思考習慣

第4章 | 「成長」し続ける人の習慣術

第5章 | 「結果」を出す人の思考術

第6章 | 「人間関係」が人生を変える

終章 | 毎日が「新しいスタート」と考えよう

序章

なぜ、習慣が
"できる人"を
つくるのか？

今現在の私たちは全員、過去に何を思い、何を反復してきたかの「結果」でしかありません。だから、"できる人"になるためには習慣を意識する必要があります。習慣を身につけることで、どんな悩みや問題にも対応できるようになります。

habit 01
今の自分をつくったのは「能力」ではなく「習慣」

人に能力の差はなく、あるのは習慣の差だけ

「能力」はあとから身につくもの

私はいつも、講演やセミナーを受講してくださった方々に「人に能力の差はなく、あるのは習慣の差」という言葉を伝えています。**今現在の私たちは全員、過去に何を思い、何を反復してきたかの「結果」でしかありません。**つまり、「能力」とは生まれたときに備わっているものではなく、あとから身につけるもの、というよりも、身についてしまったものなのです。

たしかに、生まれつきの「知能指数」や「運動神経」といったものはあるのかもしれません。しかし、勉強や仕事といった日々の作業や行動においては、そうした先天的なものよりも、毎日の繰り返し（習慣）が与える影響のほうが、はるかに大きいです。

私の師であるイメージトレーニング指導者・西田文郎先生の言葉に、「成功は『才能』ではなく『習慣』である」というものがあります。さらに西田先生は、**数ある習慣の中でも、もっとも大事なのは「肯定的思考」と「ほんの少し人より多めの努力」である**と述べています。

大切なのは日々の些細な積み重ね

私はこれまで、習慣形成コンサルタントとして数多くの方々を指導してきましたが、この西田先生の言葉の「正しさ」には、

正直、驚かされるばかりです。本当にたくさんの方々が、日々の些細な積み重ねで、1年後、3年後、5年後と、大きく変化し、どんどん自己実現していく姿を見てきました。

そんな人たちの中には、「毎日必ずアポ取りの電話を10本かける」と決めて、1年間、同じことをコツコツと続けた結果、営業所でトップの売上をあげた人もいました。

また、「出会った人に心を込めてメールを書く」と決めて、それを続けたことで、会社内でお客様のリピート率・紹介率ともにナンバー1になったという人もいました。

今のあなたは、過去の習慣がつくり出したもの

仕事をするうえで、「自分には無理そう」「こんな仕事はしたくない」などと否定的な気持ちが浮かんだら、「自分ならできるはず」「面白い仕事になりそうだ」と、まずは「肯定的思考」に切り替えること。そして、「ほんの少しの努力」を続けること。この2つを習慣化するだけで、必ず道は開けます。

「そんなこと言われても、どうやってやればいいの?」なんて思いましたか? 大丈夫です。これからこの本の中で、その方法を、わかりやすく解説していきます。

今のあなたは、過去の習慣がつくり出したものです。

ということは、**これからの行動の積み重ねや、習慣を活用することで、必ず、あなたの未来は変わります。**

point

「肯定的思考」と「ほんの少しの努力」
2つの習慣を身につけるだけで人生は変わる

habit 02

「続けること」そのものに 価値がある

習慣の効果を具体的にイメージする

習慣を続けるための考え方

　私はよく、「どうすれば、やると決めたことを続けることができますか?」という質問をいただきます。

　もし、あなたが同じような疑問を持っているのであれば、「自分が何か1つでも続けられるようになる習慣を身につけたとしたら、自分にとってどんな効果が期待できるだろうか?」と、まずは自分に問いかけてみてください。

　そして、この「自分への問いかけ」に対し、なるべく具体的にイメージしてから、答えてみてください。

　たとえば、通勤時間を活用し、1日30分の読書を習慣化した場合、どんな効果が期待できるか考えてみましょう。

　まずは実績として、30分×240日=7,200分(120時間)の読書ができます。さらに休日も同じ30分、読書を行った場合は、30分×365日=10,950分(182.5時間)もの読書ができます。そして、これだけの時間を、仕事に活かせる「1つの分野」に特化して読み込んだとしたら、あなたは相当な専門知識を得ることになるはずです。

　私たちは、「続ける」ということに対して、ついつい「やらなければ」といった気持ちになってしまいがちです。

　しかし、上の例のように、**「続けることによって得られる効果」を具体的にイメージして、数字で表してみると**、「やってみよ

年間では 30 分× 240 日
＝ 120 時間の読書が可能に

平日に通勤電車の中で朝晩 15 分ずつ、計 30 分の読書を習慣化するだけで…

読書の習慣は、「1 冊全部を読もうとする」のではなく、「仕事に必要な箇所に絞って読む」ことで、知識の習得スピードと密度が上がります

う！」という気持ちになりませんか？

「やる」と決めて続けることが大切

　続ける習慣は、読書のように直接「仕事に活かせる」ものではなくてもよいでしょう。

　たとえば、毎朝のストレッチやジョギングといった運動の習慣も、身体や脳を活性化して集中力を高める効果がありますし、何よりも毎朝の運動が習慣化できれば、仕事で自分の能力を最大限に発揮するために必要な「健康」や「体力」が得られます。

　難しく考える必要はありません。とにかく、**自分にとって役立ちそうな何かを「やる」と決めて、続けることで、あなたのビジネスパーソンとしての能力は確実に磨かれていく**のです。

point

習慣によって得られる効果を
具体的にイメージして数字で表す

目の前の「小さな目標」を 1つ1つクリアする

習慣化は「質」よりも「量」

習慣はどんな悩みや問題にも対応可能

「仕事がうまくいかない」「ダイエットがうまくできない」など、人にはさまざまな悩みがあります。しかし、少しの習慣を身につけるだけで、それらは改善可能です。習慣をつくる力があれば、どんな悩みや問題にも対応できるからです。

つまり、「続けること」そのものに価値があるのです。

まずは「やる」と決めましょう。やってみると、自分のいろいろな感情に出合えます。

そして、その習慣が意識せずにできるようになったら、次の習慣に挑戦しましょう。

何でもいいから、常に新しいことをはじめるのです。

挫折したって構いません。無理してできないことを続けようとしても、「やらないと」という気持ちになり、辛くなってしまいます。続けるのが辛いと感じたらさっさとやめて、また別のことをはじめればいいだけです。そして「やる」と決めたら、**誰にでもできることを、誰にもできないくらいに続けましょう。**

コツコツと続けることを心がけていると、いつの間にか心が落ち着き、「自分はやればできる」という自信が湧いてきます。そうなれば、続けることが楽しくなってきます。人間の脳は、そうなるようにできているからです。この、人間の「脳のしくみ」については、次の章で解説します。

何ごとも「日々の積み重ね」が大切

阪急・東宝グループの創業者・小林一三（いちぞう）の有名な名言に、「下駄番を命じられたら、日本一の下駄番になってみろ。そうしたら、誰も君を下駄番にしておかぬ」というものがあります。

もし今、「自分は評価されていない」と感じていたとしても、腐らずにできることを目一杯やることが大切です。

仕事をする以上、「大きな仕事を成し遂げたい」と考えるのは当然のことです。もし、あなたに理論的裏付けやアイデアがあるのであれば、大きな仕事に挑戦するのもいいでしょう。

しかし、そうした大きな仕事をつくり出し、成し遂げるには、理論や発想だけでなく、信頼やそれに伴う人脈、経験といったものも必要です。

もし、あなたがまだ新人や若手であれば、大きな一発を狙うよりも、小さな目標を１つ１つクリアして、信頼や経験を積み重ねていくことのほうが、結果的には近道になる場合が多いです。

人生においては、「今日何かをやって、明日、すぐに結果が出る」ということはまずありません。それは仕事も一緒です。

基本的には、仕事も一発逆転の発想やできごとではなく、日々の業務の積み重ねによって信頼や実績が積み上がっていき、その結果、「大きな仕事」を任せてもらえるようになるからです。

point

誰にでもできることを、誰にもできない
くらいに続けることが重要

まずは「実行する習慣」を身につける

動きながら考える

「伸びる人」と「伸びない人」の違い

「実力」とは、「実行力」の上になるものです。

私は長年、習慣形成コンサルタントとして多くの方々と接してきましたが、「伸びる人」と「伸びない人」の違いで、一番大きいのが、この「実行力」の差です。

誰しもが「やったほうがよい」とわかっていることであっても、誰しもが実行に移すわけではありません。

ましてや、「すぐにやる」という人はごく一部です。その「ごく一部」の人が、誰よりも早く成長していきます。

上司や先輩からの指示や頼まれごと、次の仕事の段取り、苦手だけれど優先順位の高い仕事など、ついつい先送りしたくなる業務はいろいろとあるものです。

だからといって先送りしていると、「やりたくない」という否定的感情がだんだんとふくらんでいって、ますます仕事が嫌になってしまいます。

そんなときは、**何も考えずに「すぐやる」習慣を身につけましょう。そして「とことんやる」「できるまでやる」**のです。

「じっくり考えて行動すべき」という意見も、間違いではないと思います。しかし、たった20年や30年の経験値で考えたところで、わかることなんてたかが知れています。

行動せずに「ああなった場合はどうしよう」「こうなった場

人生も仕事も「実行力」の積み重ねが大切

せっかく学んでも実行がなければ、「結果」も「経験」も得られません

ただただ学ぶだけ

思いつく→実行→結果→検証→次のプランを練る→次の実行

まずは実行して、その結果を検証することで「自分の課題」や「必要な準備」などが見えてきます

合はこうしよう」などと考えていても、時間ばかりが過ぎていき、結局、何もできなくなってしまいます。

動きながら考えればいいのです。

「思いついたらすぐに実行」が大切

仕事も同じです。「思いついて（または知識を得て）」➡「実行して」➡「何らかの結果が出て」➡「検証して」➡「次のプランを練る」➡「そしてまた、すぐ実行」を繰り返すことで、「準備不足」や「自分に足りないもの」なども見えてきます。

人生も仕事も「実行力」の積み重ねが大切です。「アイデア」や「知識」を得たら、すぐに「実行」することで、あなたの「経験値」を積み上げましょう。

point

行動せずに考えてばかりいても何もできない
まずは行動して、動きながら考えればいい

人と比べるのではなく
昨日の自分と比べる

未来は自分でつかみとる

毎日の積み重ねが自分をつくる

学んで、実践することを、毎日の習慣にしましょう。毎日毎日の積み重ね。そのコツコツが、自分をつくり上げていきます。自分を誰かと比べる必要はありません。**昨日の自分と今日の自分を比べて、昨日の自分より１ミリでも前進していれば、それでいい**のです。

昨日の最高値は、今日の最低値です。

たとえ「こんなはずじゃなかった」と思ったとしても、今の状況は、あなたのこれまでの思考、行動、そして習慣の「正しい結果」であり、嫌だと嘆いても、何も変わりません。

まずは「これが事実で、これが結果なんだ」と受け止め、今の状況から何を学び、どのように行動すれば、何を改善できるかを考えましょう。

コツコツと続けることが大切

「時間＝命」です。今、この生かされている時間を、どう考え、どう行動することで、限られた時間を最大限に活用できるのかを、常に意識しましょう。

仕事も人生も、この、今、今、今、の繰り返しです。

そして、どんなときも、自分で「やる」と決めたことはやり続けましょう。たとえ落ち込んだとしても、**肝心なときに逃げ**

ずに「やり遂げた」という事実は、必ず自信につながります。

習慣の力を信じて、コツコツと続けましょう。

まわりの人があなたを見ているときに、がんばるのは当たり前かもしれません。しかし、**誰もあなたを見ていないときこそが肝心**です。

誰も気づいていないようなとき、あるいは、自分が落ち込んでいるようなときこそ、それまで当たり前にやってきたことを、当たり前のように続けられるかどうか。それが、「自分と向き合う」ということです。

人生にあるのは「必然」だけ

人生に「偶然」や「ラッキー」などありません。

人生にあるのは「必然」だけです。

あなたが今までやってきたことにもとづいて、今日があり、今日のできごとがあり、今日の状態があるのです。

今、何かやりたいことがあるのに、「正解」や「成功」を考えすぎて一歩が出ない人は、状況や環境が整わないから動けないのではありません。あなたが動かないから、状況や環境が整わないのです。

好ましい状態であれ、好ましくない状態であれ、今の環境や状況を引き寄せて、つかみ取ったのはあなた自身です。

だから、未来も自分でつかみ取りましょう。

point

逃げずにやり続けたという事実が
必ずあなたの「自信」につながる

無意識の反復が
あなたの「生き様」をつくる

変えるべき習慣は「今すぐ」変える

　過去の経験や体験は、私たちの潜在意識にデータとして蓄積されていきます。そして、その蓄積されたデータが、1つ1つのできごとや目の前の相手に対する「何となく嫌だ」「ダメ」「好き」「うれしい」といった判断を導き出します。

　この「脳のしくみ」でつくられたのが、あなたの心です。

　心で「嫌だな」と感じてしまったものは、隠しているつもりでも、あなたの行動に必ず出ます。そして、それを繰り返し反復するとクセになり、好ましくない習慣が形成されていきます。**こうした「無意識の反復」が、あなたの「生き様」をつくり上げる**のです。

　あなたの「生き様」は、立ち居振る舞いや表情、ものごとに対する姿勢などに表れ、それらは、あなたの「人格」を形成します。その人格が、まわりから選ばれる人なのか、敬遠される人なのかによって、あなたの「運命」は決まります。

　つまり、**あなたの「運命」は、今までの習慣でつくられている**ということです。

　今のあなたの習慣を、じっくりと観察してみましょう。そして、変えるべき習慣があったら、今からよい習慣に置き換えましょう。自らの「運命」を、自らつくり出していくには、「そのうち」ではなく、「今」決めるしかありません。

第1章

脳のしくみを知って
"できる人"になる

人生を変えたいと思ったら、まずは「脳の性質」を知る必要があります。脳をプラスに導く言葉を発し、動作や表情を意識することを習慣化していくことで、自分の調子や機嫌、元気などをコントロールできるようになります。

habit 06

「脳の性質」を理解して、利用する

「小さな一歩」から積み重ねる

「脳の性質」を知れば人生が変わる

私たちは、脳のしくみと働きの中で生きています。

最初は、誰もが真っ白な状態で生まれてくるのですが、やがて、その後の経験や体験によってつくり出された「枠」の中でしか、ものごとを考えたり、発想したりできなくなってしまうのです。

だから、**人生を変えたいと思ったら、まずは脳の性質を知る必要があります**。

脳が車だとしたら、その中のドライバーがあなたです。

あなたの運転する車の性能や機能が、どんな働きをするのかを知らずに運転していれば、事故を起こしたり、うまく操縦できなかったりするのは当たり前のことです。

人生は自分が思い描いたとおりにしかならない

脳を「操縦」するうえで、まずは知っておくべき大前提があります。それは、**「新しいことをはじめる際には、脳の抵抗を避けなければならない」**ということです。

私たちの脳は、マイナスの情報を探すクセがあり、過去の嫌な体験を思い出すことで、新たな行動に踏み出せなくなります。

それだけではありません。脳は、そもそも「新たなチャレンジ」に対して恐怖を感じる性質があります。**脳は勝手に「変化**

「発する言葉」を意識する

「発する言葉」によって、人はプラス思考にもマイナス思考にもなります

〜をしなければ

〜をやらなければ

「後ろ向きの言葉」を発しているとマイナス思考に

やります

できます

「前向きな言葉」を発しているとプラス思考に

　ネガティブな言葉を使うのをやめ、ポジティブな言葉を発することを習慣化することで、思考と行動を変えられるのです。

　もし、誰かから「できっこない」「お前には無理」などと言われたとしても、そうした言葉も自分に対する「最高のアドバイス」「激励の言葉」と思って、**理想の自分を目指し、理想の自分を演じ続けましょう。演じ続けていれば、やがて、演じていたはずの自分が「本性」になります**。

　人間の脳のしくみはみんな同じです。誰の脳も天才の資質があるのです。現実に能力の差が生じているのは、心理面（脳が何を考え、どう思うか）にあります。

　脳をコントロールする方法を身につけることで、誰もが驚異的な能力を発揮できるようになります。

point

言葉を発するときは「断定」で強気に
言い切ることで、「脳」も前向きになる

habit 08 脳に「絶好調」の イメージを植えつける

自分の調子をコントロールする

「動作」や「表情」でプラス思考をつくる

ふだん発する「言葉」だけでなく、**ポジティブな「動作」や「表情」を意識的に行うことでも、脳はプラス思考になります**。

たとえば、気分が乗らないときやネガティブ思考に陥ったときには、握りこぶしをつくって力を入れて「ガッツポーズ」をしてみましょう。すると、自然と「よし、やるぞ」という気分になります。

表情でプラスのイメージをつくるのは簡単です。口角を上げて「笑顔」をつくればいいだけです。

人は、「うれしい」「楽しい」といったプラスの感情を抱いたときには、自然と笑顔になります。

だから、とくに楽しいことがなくても、意識して口角を上げて笑顔をつくれば、脳は「何かいいことがあったんだな」と勝手に思い込んでくれます。

自分の機嫌は自分で取る

やる気を出したり、気分を盛り上げたりしたいと思ったら、上に書いたような「決めのポーズ」や「決めの表情」を常に意識して、「自分の機嫌は自分で取る」「自分の元気は自分でつくる」ことを心がけましょう。

また、仕事で最高のパフォーマンスを発揮したいのであれば、

脳をプラスに導く「動作」と「表情」

脳がプラス思考になる動作（例）

ガッツポーズ　　バンザイポーズ

脳がプラス思考になる表情（例）

笑顔

「決めのポーズ」や「決めの表情」を常に意識して、「自分の元気は自分でつくる」ようにしましょう

業務中でも私生活でも、よいことがあればそれを利用して、ますます絶好調になれるようにするための「動作」「表情」を出力するようにしましょう。

　すると、「絶好調」のイメージが脳に強く条件づけされ、どんなときでも「絶好調」という気分に入り込むことができるようになります。

　いつも肩を落としていたり、下を向いて暗い表情をしていたりすると、なかなか「よし、やるぞ！」という気分にはなれません。ものごとがうまくいっているときも、うまくいっていないときも、**脳をプラスに導く動作や表情をすることをコツコツと習慣化していくことで、徐々に自分の調子や機嫌、元気などをコントロールできるようになります。**

point

「決めのポーズ」や「決めの表情」で
自分の元気をつくり出すことができる

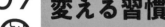

habit 09

「ピンチ」を「チャンス」に変える習慣

すべてを「チャンス」と「感謝」で受信する

脳は0.5秒で「快・不快」を判断する

すべてのできごとは、前向きに考えれば「チャンス」となり、後ろ向きに考えれば「ピンチ」となります。

何か問題が起こったとしても、「問題が起きたこと」が問題なのではなく、その状況を「どう考えた（とらえた）か」が本当の問題なのです。

人間の脳は、わずか0.1秒で情報を認知し、次に0.4秒で過去の感情を伴った記憶データと照合して、「快・不快」を判断します。つまり、あなたが「起こったことをどう受け止めるか」は、わずか0.5秒で決まってしまうのです。

1秒にも満たない一瞬のできごとですから、「起こったこと」に対して「嫌な気分」や「否定的な気持ち」になってしまうのは、仕方ないことかもしれません。しかし、**どう言葉を発し、どんな表情で、どういう動作を取るかは、自分で決められます。**

脳はマイナス感情を強く記憶する

脳に蓄積された過去の記憶は、プラスよりマイナスのデータのほうが強く刻み込まれています。

そのため、問題やトラブルが起こったときに無意識でいると、脳は勝手に過去のデータと照合して「不快」と判断し、マイナス感情を導き出します。結果、あなたの表情は暗くなり、発言

「すべて前向きに考える」という単純なことが、プラス思考への入口です。すべてのできごとは、前向きに考えればチャンスとなり、後ろ向きに考えればピンチとなるのです

❶客観的に見る
その場の感情に流され、客観的・冷静に考える

❷好意的に受け取る
相手の発言や行動などを好意的に受け取って考える

❸機会（好機）ととらえる
起きたできごとは、すべて「チャンス」と考える

もネガティブになり、ますますマイナスな感情や状態を引き寄せてしまいます。

だから、起こったできごとを「どう受け止めるか」を、あらかじめ決めておきましょう。つまり、**どんなことが起きても、「チャンス」と「感謝」として受け止め、実際に「チャンスだ！」「私の出番だ」と前向きな言葉を発する**のです。

人間の脳は単純なもので、「困った」と発言すれば困った理由を探し出し、「チャンス」と言えばチャンスである理由を自然に導き出します。

仕事上のできごとも、すべてを「チャンス」と受け取り、「ありがたいな」と思うようにしたら、自然と「このできごとは、自分の出番をつくってくれたんだ」と思えるようになります。

point

何が起きても「チャンス」と「感謝」で
受け止めて、「自分の出番」と考える

「なりたい自分」を常に意識する

現実と目標のギャップを埋める

「達成した自分」を明確にイメージする

「なりたい自分」になれる人と、なれない人の違いは何だと思いますか?

それは、自分の脳の中に明確に「達成した自分」を思い描いているかどうかです。

「○○になれたらいいなぁ」といった漠然とした目標(憧れ)は、誰でも持っています。しかし、残念ながらその程度の思い込みでは、「なりたい自分」になることはできません。

「なりたい自分」になれる人は、「まだ成功できていない」「目標を達成していない」という状態で、「目標を達成した自分」のイメージを明確に思い描いています。

この「明確なイメージ」があるからこそ、「なりたい自分」になるためには「何が足りないのか」「何が課題なのか」がわかり、その課題を克服するための手段や方法、得るべき知識やなすべき努力なども明確になるのです。

現実と目標のギャップを埋める

「なりたい自分」になるには、まずは「明確な目標設定」をして、その目標を紙に書き出し、書いた日付も記しましょう。

次に、その紙をコピーして自分の部屋や日々持ち歩いているノートや手帳に貼り、1日1回は声に出して確認し、自分に言

❶明確な目標
設定をする

❷目標を声に出して
確認する

❸目標を達成した
イメージを妄想する

絶えず目標達成への情熱をかきたてることで、脳はその目標達成時のあなたと現実のあなたとのギャップを「どう埋めるか」という方法を探しはじめます

い聞かせましょう。

また、1日1回は、その目標を達成したときのイメージを妄想し、喜んでくれる人の笑顔を想像してワクワクしましょう。

イメージ=結果です。

脳は、その目標を達成したときのあなたと、現実のあなたとのギャップを「どう埋めるか」という方法を探しはじめます。

私たちの脳は驚くようなパワーを持っています。そのため、私たちの人生は、自分が望んでいる設計図どおりになります。

だからこそ、脳のしくみを理解し、脳の働きを助けるために、目標を絶えず見たり、声に出したりする習慣が必要なのです。

この繰り返しを続けることで、あなたの思考をよりよい方向へ誘導し、「なりたい自分」に近づくことができます。

point

明確な目標設定をしたら、目標を書いた紙を見たり声に出したりして脳に働きかける

habit 11

「やるべきこと」ではなく 「楽しいこと」と考える

「考える」より「がむしゃら」になってみる

脳を「快」に導くための考え方

人間の脳は、「正しいこと」よりも「楽しいこと」を継続しようとする性質があります。

私たちの脳内には「快・不快」を判断する、「扁桃核」という1.5cmほどの大きさの器官があり、私たちが何かをはじめようとしたとき、この扁桃核がどう判断するかによって、「継続できるものか」「継続できないものか」に分かれます。

仕事をするとき、多くの人は「やるべきこと」を明確にして、その仕事の「意味と価値」を理解することで、意識を高めていこうとします。中には「わが社では、そのために研修に時間とお金をかけています」という人もいるでしょう。

しかし、いくら研修を実施したところで、それを受講する人たちの脳が「楽しいことをやっている」と感じていなければ、ただ単に「会社から言われてやらされている」と感じ、ムダな時間を過ごすことになります。

そうなると、研修の内容がいくらよいものであっても、「面倒だな」と感じ、スキルが身につくどころか、余計に行動しなくなるという「マイナスの結果」をもたらします。

人間の脳は、誰もが同じシステムになっています。だからこそ、**脳のしくみを知り、「正しいことより楽しいことを継続する」という脳の前提条件にもとづいて、取り組むべきことに対して、**

「目標設定」の2つのポイント

目標を明確にして、それを実現するために絶えず脳を働かせていると、だんだん楽しくなってきて、「達成するためにはどうすればよいか」「何が必要か、何が足りないか」が見えてきます

point ❶
定量的に
測定可能か?

point ❷
達成期限が
決まっているか

彼女と海外旅行にでも行きたいなぁ

正月休みを利用して彼女とグアムに5泊6日の旅行に行く!

脳を「快」にしていくことが必要なのです。

がむしゃらになると脳は肯定的になる

仕事を楽しむためには、「がむしゃらにやる」という方法もあります。

人間の脳は、がむしゃらになるとストレスがかかり、それが大きくなるとドーパミンなどの快楽物質を分泌しはじめます。そうなると、それまで否定的だった脳が、肯定的に変わり、何かを達成するごとに喜びを感じるようになります。

だから、**仕事や人生に迷ったときは、「考える」より「がむしゃら」になってみましょう**。そうすることで、自分を大きく活かす道が見いだせる可能性が高まります。

point

人は「楽しいことをやっている」と思っていないと前向きになれず継続もできない

habit 12 「完璧にやる」を手放す

「完璧よりまず行動」を意識する

「完璧主義」の弊害とは？

人は、ものごとがうまくいかないときほど、なぜか「完璧」を求めたがるものです。これは、脳のしくみがそうなっているので仕方がないことかもしれませんが、いきすぎた「完璧主義」は考えものです。

人は完璧な状態を追い求めると、「リスクに備えないと」「あの対策をしておかないと」などと考えて、なかなか動き出せなくなってしまうからです。

仕事を含め、あらゆるものごとは過度に完璧を求めるよりも、「まずはやってみる」ことで、次の課題や改善策などが見えてくるものです。

そのため、**成長が早い人は「完璧であること」よりも「行動すること」を優先・重視します**。

そして、行動の結果わかったことを分析し、すばやく「自分が今、行うべきこと」を把握し、足りない部分や間違っていた部分を改善して、すぐに次のスタートに踏み出します。

小さな「失敗→改善」を積み重ねる

完璧主義は悪いことではないかもしれませんが、「完璧」にこだわる必要はありません。

完璧よりも成長を選ぶことのほうが大切です。

「完璧」よりも「成長」を選ぶことのほうが大切

失敗してしまうかも

リスクがあるから
慎重にならないと

まずはやってみよう

失敗したら改善して
次に活かそう

「完璧さ」がさほど求められていない場合は「70％の出来」でもよしとして、「まずはやってみる」ことが大切。課題や改善策が見えてくるものです

短いスパンで「小さな目標」を設定し、小さな「成功」と小さな「失敗→改善」を積み重ねたほうが、成長のスピードが速まり、成長の質も高まります。

竹は節がたくさんあるから、強く折れにくいのです。節の少ない竹は、強風には耐えられません。

私たちも一緒です。成長の「節目」をたくさんつくって、強風に耐えられる自分をつくり上げる必要があります。

そもそも、**何ごとも完璧にこだわって、自分に「できるか・できないか」ばかり考えて行動につなげられないと、機会やタイミングを逃してしまいます。**

せっかく訪れたチャンスを逃さないためにも、「完璧より行動」を、常に意識するようにしましょう。

point

完璧にこだわらず、小さな「失敗→改善」を
積み重ねて成長のスピードと質を高める

「想定外」は「想定内」と
考えよう

常に「前に進む」ことを考える

　仕事上で「想定外」のことが起こるのは、「想定内」のこと
と考えましょう。

　仕事に限らず、何ごとにおいても「想定外」のことは起こり
ます。しかし、「想定外」だろうが「想定内」だろうが、事実
は事実なので、受け止めるしかありません。

　ちなみに、**よく「時間が解決してくれる」という言葉を聞き
ますが、解決のために必要なことをやっていなければ、時間は
何も解決してくれません。**

　あなたが「想定外」のできごとから何を学び、どんな気づき
を得て、何を改善したのか、という「行動した時間」が、問題
を解決してくれるのです。

　仕事をしていれば、さまざまな問題やトラブルが起きます。
その度に、「何が今の正解なのか」にこだわって、問題を先送
りするのも不正解です。

　そもそも、「完璧な解決方法」がわかっていたら、問題やト
ラブルなど起きません。

　**何が起きても、何を感じても、まずは「前に進む」ことを考
えましょう。**いかなる状況におかれても、笑顔で、全力で、前
に進むエネルギーを持ち合わせていたら、「解決」は、あなた
のあとからついてきます。

第2章

誰にでもできる
「習慣化」のコツ

「毎日、何かを続ける」と聞いて、「自分にできるかな?」と不安になる人もいるかもしれません。でも、大丈夫です。なぜなら、最初は「誰でもできること」からはじめればいいだけだからです。「まずはやってみる」ことからトライしましょう。

habit 13 まずは「小さな習慣」から はじめよう

「誰にでもできること」からはじめる

習慣化は難しいことではない

序章において、もしあなたが新人や若手であれば、いきなり「大きな仕事」を成し遂げようと考えるより、まずは小さな目標を1つ1つクリアすることを目指したほうがいい、と書きましたが、これは「習慣化」においても同じです。

習慣をはじめるにあたって、「自分にできるかな？」と不安を感じる人も多いと思いますが、実際のところ、それほど難しいことではありません。

なぜなら、**最初は「誰でもできること」からはじめればいいだけ**だからです。

たとえば、第1章で書いた「通勤電車で読書する」という習慣は、基本的には、誰でも実践できるはずです。

とはいえ、「車や自転車で通勤している」といった人や、「読書以外のことを習慣にしたい」という人もいると思います。その場合も、最初はハードルを下げて、なるべく「小さな行動」から習慣化することをおすすめします。

続けることができなくても問題ない

自分が望む結果を得るためには、継続的な行動が必要であることは誰にでも理解できると思います。

しかし、習慣化したいと思っている行動を「大きなもの」に

まずは「小さな習慣」からはじめる

何かを習慣化したいと思った
ら、まずは挫折することすら
できないくらいの「小さな行
動」からはじめてみましょう

自分から
挨拶する

朝起きたら
15分本を読む

常に5分前
行動を意識する

食べた直後に
食器を洗う

脱いだ靴を
揃える

してしまうと、当然、挫折しやすくなります。

　なぜなら、**私たちの「脳」は急激な変化に対して、拒絶反応を起こしてしまう**からです。

　ならば、最初は脳が拒絶反応を起こすことができないくらいの「小さな行動」を、あなたの習慣にすればいいということになります。

　そして、この小さな行動をコツコツと続けていると、やがて脳はその行動を無意識のうちにできるようになります。そうなれば、行動にストレスがなくなり、目標への到達は近くなります。「それでも、続けることができなかった」という場合も、大丈夫です。また、次の習慣をはじめればいいだけです。それを繰り返していくうちに、必ず習慣は身につきます。

point

最初は「誰でもできること」からはじめる
失敗しても「次の習慣」をはじめればいいだけ

habit 14 「まずはやってみる」ことに大きな意味がある
今までの自分を見直し、自分を変える

■「まずやってみる」と考える

「小さな行動」をスムーズに習慣化するためには、何かを「続ける」のではなく、何かを「はじめる」あるいは「まずやってみる」と考えるとよいでしょう。

すると、さほどプレッシャーを感じずに、最初の一歩を踏み出すことができます。

「これからずっと続けなくては」などと気負ってしまうと、脳が勝手に「何かを続けるのは苦しいもの」という過去の記憶データを引っ張り出してきて、「不快」なものと判断してしまいます。

そのため、前項でも書いたとおり、最初はなるべく気軽にできる、小さな行動からはじめましょう。

もしも、**「これからずっと続けなくてはいけないのかな?」と不安になるようであれば、「まずは3カ月やってみる」などと期間を区切るのも1つの方法**です。

3カ月、6カ月などと期間を区切って行うだけでも、習慣化の効果は出ます。まずはやってみて、続けられそうなら、また期間を決めて延長してもよいでしょう。ただし、最初に設定した期間は、必ずやりとおすようにしましょう。

■習慣をはじめることで自分の「本性」が見える

「小さな行動」を習慣化することはもちろん大切なことですが、

習慣化の「最初の一歩」を踏み出すコツ

何かを「これから一生続ける」と考えると、「自分にできるかな」と不安になる場合も。そんなときは「まずやってみる」と軽く考えたり、「3カ月やる」などと期限を区切ったりしましょう

まずやってみよう

3カ月だけ毎日やろう

習慣をはじめると、今まで見えなかった「自分の本性」が見えてきます

もし習慣化に失敗したとしても、それほど気にする必要はありません。なぜなら、「まずはやってみる」ことに大きな意味があるからです。

試しに「これを続ける」という自分との約束をして、その約束を意識して続けてみることで、「こんなことも続けられないんだ」「意外とコツコツできるタイプだった」などと、何も考えずに過ごしていたときには見えなかった「自分の本性」が見えてきます。この「自分の本性」がわかると、それまで自分がどのような姿勢で仕事やものごとに取り組んできたのかに、気づくことができます。

この気づきは、今までの自分を見直し、自分を変えるうえで、非常に大きな参考となります。

point

「自分との約束」をして、その約束を
意識して続けてみることに意味がある

habit 15
習慣を続けるための 「しくみ」をつくる
無理なく習慣を継続する方法

習慣化のコツ①「しくみをつくる」

習慣を継続するうえで重要なのが、意識的に続けられる「しくみ」をつくることです。

もちろん、「この習慣を続けるぞ」という思いも大切なのですが、意志の強さや根性ばかりに頼っていると、やがて義務感を抱くようになり、気分が落ち込んだときや気が進まないときに「今日はいいか」などと、挫折してしまう可能性が高まります。しかし、自然とそれをやってしまうような「しくみ」をつくっておくことで、無理なく習慣を継続できるようになります。その「しくみ」の1つが、「時間と場所を決める」という方法です。

たとえば、「毎日30分の英語学習」を習慣化する場合、ただ単に「毎日やる」と決めただけでは、「今日は忙しくてできなかった」「うっかり忘れてしまった」といったことが起こるかもしれません。

しかし、「朝食後にリビングで」「通勤時間に電車の中で」「帰宅後に自宅のデスクで」などと、「いつ（時間）、どこで（場所）」を決めてしまえば、毎日の生活の中に、確実にその行動が組み込まれます。

また、いろいろな「いつ・どこで」を試してみて、自分に一番合った「時間と場所」を探してみてもいいでしょう。

習慣を続けるための 2 つのコツ

❶しくみをつくる
(「いつ、どこで」を決める)

❷他人に「これをやる」と宣言したり、巻き込んだりする

こうした工夫をすることで、意志の強さややる気、根性などに頼らずとも習慣を継続できるようになります

毎朝、朝食後にリビングで15分英語の勉強をする！

毎日ブログを更新するので感想を聞かせて

習慣化のコツ②「他人を巻き込む」

　もう1つの方法は、「他人を巻き込む」ことです。

　家族や友人、あるいは会社の同僚や上司など、ふだんから接する機会が多い人に「これをやる」と宣言したり、「毎日ハガキを書いて送る」「毎日丁寧に挨拶をする」といった、**誰かを相手にした行動を習慣化したりすれば、心理的にも、環境的にも、続けないわけにはいかなくなります。**

　誰しも、自分1人で続けていると、ついつい「今日はいいか」といった気分になる日もあるものです。

　しかし、他人との約束やリアクションがあれば、それが継続につながるのです。

point

習慣化のコツは「いつ・どこで」を決めること
「相手を巻き込む」ことも継続につながる

早く何度も失敗せよ

習慣は続かなくても「よい経験」になる

「三日坊主」は次へのステップ

せっかくはじめた習慣が続かなかったとしても、「自分には習慣化は向かないのかも」などと落ち込んだり、諦めたりする必要はありません。

なぜなら、「三日坊主」の経験も、次の習慣化へのステップになるからです。

途中で失敗したとしても、失敗の原因を分析して改善することで、その「失敗」自体が次の習慣を続けるための有益な情報になります。

また、1つの習慣がなかなか続かなかったとしても、「この習慣は自分に合っていなかっただけ」と考えて、ほかの習慣をはじめればいいだけです。

たとえ「三日坊主」に終わったとしても、挫折も含めて、すべてはよい経験となるのです。

「何もしない」ことのデメリット

シリコンバレーには、「早く何度も失敗せよ」という標語があるそうです。

もちろん、誰しも成功を目指してチャレンジするのですが、世界のIT産業を牽引するこの地では、新たなことに挑戦するうえで失敗は「織り込み済み」であり、むしろ「失敗」するこ

「三日坊主」や「失敗」もよい経験になる

チャレンジすることをやめない限り、「三日坊主」や「失敗」もすべてよい経験になります

3日続いた実績が
自信になる

3日で1冊読めたから、毎日読めば毎月10冊の本が読めるぞ

挫折したら次の習慣をはじめればいい

この習慣は自分に向いていなかっただけ。次は別の習慣にチャレンジしよう

とよりも、「何もしない」ことのほうが、デメリットが大きいという考え方が浸透しているのです。

これは、習慣も仕事も同じです。**チャレンジしてみて「失敗」したとしても、むしろ「一歩前進した」くらいの気持ちで、肯定的にとらえましょう。**

「何もしない」よりは「やってみる」ことのほうが大切ですし、やってみたら「失敗」するのは当たり前のことだからです。

とにかく「前進、前進、また前進」あるのみです。

もし、本当に失敗があるとすれば、それは再チャレンジをしなくなったときです。

チャレンジさえ続けていれば、どんな失敗もすべて「よい経験」になり、「成長の糧」になるのです。

point

「失敗」はよい経験であり成長の糧になる
「何もしない」ことのほうがデメリットは大きい

habit 17 「1つ前の習慣」も決めてしまう

常に「1つ前の習慣」を意識する

無理なく習慣を続ける方法

「やる」と決めた習慣を続けるには、コツがあります。それは「1つ前の習慣」を意識することです。

たとえば、「毎朝5時に起きる」と決めた場合、前日に夜更かしして深夜2時や3時に寝ていたら、ほとんどの人は長続きしないでしょう。

一方、起床の1つ前の習慣である寝る時間を「前日は11時までに寝る」と決めてしまえば、無理なく「早起き」を習慣化することができます。

しかし、「5時に起きる」ために「11時に寝る」と決めるだけでは、不十分です。なぜなら、11時に寝るためには、さらにその「1つ前の習慣」を意識する必要があるからです。

寝るまでには、入浴や食事をする必要がありますし、それらを、時間的余裕を持って行いたいのであれば、退社時間も意識する必要があります。

このように、**常に「1つ前の習慣」を意識する**ことによって、無理なく習慣を続けられる状態になるのです。

事前の準備が習慣を強化する

「1つ前の習慣」を意識するだけでなく、**続けようと思っている習慣をスムーズに行うための「準備」をしておくことも、習**

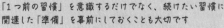

「1つ前の習慣」を意識するだけでなく、続けたい習慣に関連した「準備」を事前にしておくことも大切です

「事前の準備」の例

ランニングを習慣化

トレーニングウェアを
枕元に置いておく

通勤電車での読書を習慣化

カバンの中に読む本を
入れておく

慣化の継続に役立ちます。

　たとえば、毎朝の「ランニング」を習慣にするのであれば、そのためのトレーニングウェアを枕元に置いておきましょう。毎朝の「5分の瞑想」を習慣にするのであれば、冬は起床前に部屋が暖かくなるようエアコンのタイマーを設定しておきましょう。このように、「やる」と決めた習慣を行うために必要なものや状況を意識し、事前に準備しておくことで、毎日の習慣をスムーズに実行できるようになります。

　「これを習慣化する」と決めて実行するだけではなく、「その習慣は、どうすればスムーズに行えるか」を意識することは、自分の生活を見直し、生活リズムを整えるきっかけにもなるので、ぜひ実行してみてください。

point

**「1つ前の習慣」を決め、事前の準備をして
「やる」と決めた習慣を強化する**

habit 18 朝起きたら自分の心に エンジンをかける

1日のモチベーションを高める

目が覚めてからの15分が重要

朝は、1日の中でももっとも重要な時間帯です。その日のスタートをどう過ごすかで、その後の1日の過ごし方や充実度も変わります。

「朝、目が覚めてからの15分」はとくに重要です。この時間に、あなたの1日のモチベーションを高める習慣を行うことで、そのあとに続く時間もやる気が持続します。そして、朝の時間を有効に活用するためには、早起きを習慣化することをおすすめします。

「早起き」という習慣は、数々の習慣の中でももっとも重要な習慣といえるかもしれません。

たとえば、今まで夜はだらだらと過ごして8時に起きていた人が、新たな習慣をはじめるために5時に起きることにしたら、1日3時間もお得です。1週間なら21時間、1年間なら1,095時間も、有効に使える時間が増える計算になります。

早起きの習慣が身について、早朝の時間を手に入れたら、読書や勉強など「仕事に役立つ習慣」をはじめてもいいのですが、せっかく手に入れた「自分の時間」ですから、ウォーキングや料理、手紙を書くといった「今までできなかったこと」をはじめたり、楽器の練習や絵を描くといった新しい趣味にチャレンジしたりしてもいいでしょう。

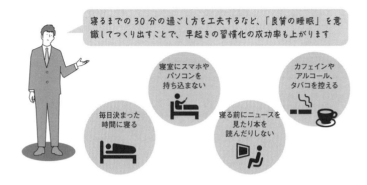

睡眠の質を上げるための工夫

寝るまでの30分の過ごし方を工夫するなど、「良質の睡眠」を意識してつくり出すことで、早起きの習慣化の成功率も上がります

毎日決まった
時間に寝る

寝室にスマホや
パソコンを
持ち込まない

寝る前にニュースを
見たり本を
読んだりしない

カフェインや
アルコール、
タバコを控える

「睡眠の質を上げるための工夫」を意識する

　ちなみに、「早起き」を習慣化するためには「良質な睡眠」が重要です。

　良質な睡眠を得るためには、前項でも書いたとおり、毎晩「決まった時間に就寝する」ことを意識する必要があります。

　また、ただ単に寝る時間を決めるだけではなく、就寝前の時間をどう過ごすかも大事です。

　寝る前に脳をムダに刺激しないよう、寝室にスマホやパソコンを持ち込まない、寝る前にニュースを見たり本を読んだりしないといった、「睡眠の質を上げるための工夫」も意識するようにしましょう。

point

「早起き」はもっとも重要な習慣の１つ
睡眠の質を上げるための工夫も大切

habit 19 習慣を継続できる人の特徴

理想や目標を明確に思い描く

「続けた時間」と「成長」は比例しない

どれだけの期間「1つの習慣」を続ければ、自分の成長が実感できるのか知りたいという人は多いと思います。

しかし、残念ながら「○カ月続けたら確実に成長する」「○年続けたら習慣の成果が実感できる」とお約束できるようなデータはありません。人にもよりますし、習慣の内容にもよるので、人それぞれとしか言いようがありません。

また、習慣を「続けた時間」と、自分の「成長度合い」も、必ずしも一致（比例）しません。

習慣をはじめたばかりの時期には、「いくら続けても成長が実感できない」というときもあると思います。あるいは、最初のうちは手応えがあったのに、ある時期に、急に成長が止まったと感じることもあるかもしれません。

そんなとき、多くの人は「こんなこと、続けても意味がないのでは」と考えるものです。

しかし、**そこでやめてしまうと、そのまま成長は止まり、今までの積み重ねがムダになってしまいます。**

自分の成長を実感できる「成長分岐点」

「なかなか成長が実感できない」と感じていたとしても、習慣を継続できる人には、ある共通点があります。それは、「理想

習慣を継続できる人・できない人の特徴

習慣が続かない人
＝
理想や目標が曖昧

何のために
やってるんだっけ？

習慣が続く人
＝
理想や目標が明確

理想の自分に近づ
くために続ける！

習慣を根気よく続けている
と、やがて「自分は成長して
いる」「理想の自分に近づい
ている」とありありと感じるこ
とができる瞬間
（＝成功分岐点）
にたどり着きます

や目標」を明確に思い描いているということです。

　単に「習慣を続ければ、何かいいことあるかも」と曖昧に考えているだけでは、「面倒くさい」とか「続ける意味があるのかな？」などと感じたときに、「まぁ、いいか」とやめてしまう可能性が高くなります。

　一方で、「これを続けて、理想の自分になりたい」、あるいは「自分がやり遂げることで、誰かを喜ばせたい」といったイメージが明確に描けている人であれば、自分の成長を信じて、やり遂げることができます。

　そして、あるとき突然「自分は成長している！」という実感を得る瞬間が訪れます。私はこの瞬間を「成功分岐点」と呼んでいます。

point

**「理想や目標」を明確に思い描くことで
習慣を継続できる可能性が高まる**

「壁」は自分で
生み出したものにすぎない

「本当の自分の欲求」で判断する

　今、仕事で「壁にぶつかっている」と感じている人もいると思います。しかし、**「いくらやっても壁にぶつかる」と感じる人は、そもそも目指す場所を間違えている可能性があります。**

　以前、私がサポートした高校生は、将来は世界一の自動車をつくりたいという夢を抱いていました。ということは、大手自動車メーカーに就職しなければいけないのでしょうか？

　しかし、現実には「自動車メーカー」は巨大企業ばかりで、人気があり、就職するのは簡単ではありません。また、大手自動車メーカーといっても、実際に「自動車づくり」に携わっている人たちは少数で、他の多くの人たちは営業や管理部門といった仕事についています。

　つまり、大手自動車メーカーは「大企業に入りたい」という夢を持つ人たちに向いている、とも言えそうです。

　そう考えると、「自動車づくり」をしたいのであれば、世界一軽い鋼鉄繊維を開発したり、世界一安全なホイールをつくったりする町工場にこそ、働きがいがあるのかもしれません。

　本当の自分の欲求ではなく、「世間的にイメージがよさそうだから」という基準で判断していると、どうしても壁にぶつかってしまいます。だから、自分の将来イメージをしっかり確認して、「本当の自分の欲求」で判断するようにしましょう。

脳は「変化＝危機」ととらえる

人間の脳は「新たなチャレンジ」に対して危機や恐怖を感じてしまう性質があります

今日から毎日1時間ランニングしよう

イヤだ
やりたくない
今のままでいい

今日から毎日10分だけランニングしよう

その程度ならできる
これくらいなら続けられる
もっとできるかも

脳に危機を感じさせない程度の「小さなチャレンジ」からはじめるのが習慣化のコツです

＝危機」ととらえるため、新たな考えや行動に対してブレーキをかけようとするのです。

　ということは、脳の「恐怖反応」を迂回して新しいことをはじめるための最善の方法は、「大きな挑戦」ではなく、脳に「危機」を感じさせない程度の「小さな一歩」を実践する習慣の積み重ねしかありません。

　私たちの脳は、驚異的なパワーを秘めています。脳の性質を知り、うまく利用することで、人生は自分が望んでいるとおりになります。もっと正確に言えば、「人生は自分が思い描いたとおりにしかならない」のです。

　こうした脳の性質を理解して、利用して、自分自身の思考をよりよい方向へ導くことで、「なりたい自分」を実現しましょう。

point

**脳に危機を感じさせない程度の
「小さな一歩」から習慣を積み重ねよう**

自分の発した「言葉」が脳に影響を及ぼす

「断定」で強気に言い切る

発する言葉が「脳」に影響を与える

強い自分をつくり出すには、「発する言葉」を意識する必要があります。ふだん、どういう言葉を発しているか、どんな語り方をしているかによって、人間はプラス思考にも、マイナス思考にもなってしまうからです。

たとえば、「～をやらなければ」「～をしなければいけない」といった言葉を発していると、気持ちのどこかに甘さが生じます。**「～しなければ」といった後ろ向きの言葉では、その状況に打ち勝てない**のです。

一方、仕事を前向きにとらえる人は、「やる」「できる」などと自分に断定して語りかけることで、何ごとにも負けない強い自分をつくり出しています。これは、「脳のしくみ」なのです。

演じ続けることで理想の自分が「本性」になる

仕事を行ううえでは数字や結果に対して、常に気持ちを前向きに保つ必要があります。ですので、**人に話すときや、自分に語りかけるときには、必ず「断定」で強気に言い切る**ようにしましょう。言い切ることで、強い気持ちで仕事に取り組むことができるようになります。

言葉は人格をつくります。だから、「やりたい」ではなく、「やります」という言葉を使い続けて、まずはやってみましょう。

第3章

「仕事力」を伸ばす
思考習慣

社会に出たら、「言われたこと」をやっているだけでは"できる人"とはみなされません。また、「自分がやりたいことをやる」ことが、「自分らしく生きる」ということではありません。
まずは「仕事に選ばれる自分」をつくるための思考習慣を身につけていきましょう。

habit 20
自分磨きには「正解」も「完成」もない

目の前の仕事を丁寧に積み重ねる

社会に出たら「一夜漬け」は通用しない

学生時代は、勉強さえしていれば「優秀な人」という評価を得ることができました。試験前には「一夜漬け」をして、昨晩に覚えたところが運よく出題されて「ラッキー」と思いながら答案用紙に正解を書いた、なんて思い出がある人もいるでしょう。

しかし、**社会に出たら、「知っている」「正解が書ける」だけでは通用しません。会社に入ったら、「できる」人でないと相手にされない**のです。

自分で課題を見つける努力をしていかないと、誰も「あなたと仕事をしたい」と思ってくれなくなります。

仕事とは、他人が運んできてくれるものです。そのため、独りよがりでいては損するだけです。

一夜漬けや締切ギリギリの処理ばかりだと、いつの間にか「一夜漬け人生」となり、いくつになってもバタバタとした日々を送りながら「忙しい」「オレは大変だ」といった言葉を言い続けなくてはならなくなってしまいます。

未来は目の前の仕事の積み重ねの先にある

自分で学び、成長することへの喜びを見つけることが、「自分教育」の一番の肝です。自分が喜ばなければ、何をやっても続きはしません。

「学生」と「社会人」の評価の違い

学生

課題は与えられるもの。テストで正解を出せば評価される

社会人

課題を見つけ出して実行し、結果を出すことで評価される

学生時代は「一夜漬け」でテストに対応できる場合もありますが、社会人は「仕事の積み重ね」によってしか評価を得られません

　社会人は、学生とは違い「独学」が求められます。学生時代は、大学に通ってもせいぜい16年間ですが、社会に出たら定年まで約40年間、死ぬまでなら60〜70年間は独学が続きます。

　しかも、「自分磨き」はいくら学んで、実践しても、「正解」や「完成」はなく、学生時代のように誰かが「課題」を提示してくれることもありません。

　自分の人生をつくるのは、一夜漬けや一発逆転の発想やできごとではなく、日常の些細な習慣や目の前の仕事の積み重ねです。**今、あなたがやるべきことは、目の前の仕事や課題を、1つ1つ一生懸命にやっていくこと**です。それを積み重ねた先に、未来があるのです。「なりたい自分」を思い描いて、前向きに学び、目の前の仕事を丁寧に積み重ねていきましょう。

point

社会に出たら「一夜漬け」は通用しない
目の前の仕事の積み重ねが未来をつくる

habit 21

人間には
「2つの欲求」がある
意識的に目標を持ち努力する

「安楽の欲求」と「充実の欲求」

人間には、大きな2つの欲求があります。それは「楽をしたい」という「安楽の欲求」と、「充実感を得たい」という「充実の欲求」です。

私たちは、無意識でいると、自然と安楽の欲求に流されてしまいます。 そして、この安楽の欲求が消えることはありません。

だから、これを読んで「自分は安楽の欲求に流されているかも」と思ったとしても、心配しないでください。人間であれば誰しも、「あ〜楽したい」と思うのは、ふつうのことだからです。

しかし、人間は「安楽」だけを求めていても、どうしても「何かが足りない」と感じてしまいます。その、「足りない」ものが、「充実感」なのです。

充実感というものは、楽をしようとすればするほど得られなくなります。

この充実感を求める心は、意識的に目標を持って、努力をしないと得られないため、「意識の欲求」とも呼ばれます。

「自分を活かす」ことを意識し続ける

「楽をして生きたい」と思う人は、「できれば責任を負いたくない」「面倒なことは避けたい」「新しいことにチャレンジするのは嫌だ」などと考えます。しかし、そのように思えば思うほ

「安楽の欲求」と「充実の欲求」とは？

安楽の欲求

人はとくに意識せずにいると「あ～楽したい」と思うのがふつう

充実の欲求

人は意識して目標を持ち、努力をしないと充実感は得られない

人は楽をしようとすればするほど「つまらない」「苦しい」という気持ちになり、充実感が得られなくなります

責任を負いたくない

面倒なことはしたくない

自分が責任を持って取り組む

面倒なことから逃げない

 チャレンジするのは怖い

 チャレンジしたい

ど、結果として、生きづらくなっていきます。

　なぜなら、無意識でいると安楽のほうに流されて「何かもの足りない」と常に感じる習慣ができてしまうため、楽なときは「つまらないな」「退屈だな」と感じ、楽でないときは「苦しいな」「つらいな」としか感じられなくなってしまうからです。

　だから、あなたが仕事をしていて「つまらない」「苦しい」と感じているのであれば、「自分を活かして充実して生きていこう」と意識して行動しましょう。

　これを意識して日々の仕事に臨むことで、「自分が責任を持ってものごとに取り組む」「面倒なことから逃げない」「今までやったことがないことにもチャレンジしたい」という気持ちになり、充実した人生に変わります。

point

人は無意識でいると「安楽の欲求」に流される
常に「自分を活かす」と意識することが大切

habit 22 才能や向き・不向きを決めるのは自分ではない

チャレンジしないと何もわからない

「自分らしく生きる」とはどういうことか？

社会に出て、仕事が思いどおりにいかずに「もっと自分らしく生きたい」「自分のやりたいことを仕事にしたい」と考えている人もいると思います。

しかし、実のところ**「自分がやりたいことをやる」ことが、「自分らしく生きる」ということではありません。**

働いていれば、気の進まない仕事もあります。いつも押しつけられた仕事ばかりと感じることもあると思います。

しかし、どんな仕事でも、あなたの「やり方」や「目標設定」次第で、やりがいのある仕事になります。たとえば「金曜日までにやって」と言われたら1日前に提出したり、「10万円の売上をつくって」と言われたら15万円を目標に取り組んだりと、今ある仕事を自分なりに工夫してクリアしていくことこそ、「自分らしく生きる」ということなのです。

チャレンジした結果が今の自分の実力

「自分に合った仕事を選ぶ」なんてことは、その道のベテランが言うセリフです。組織の一員であれば、まだ働きはじめて3年や5年といった人が、仕事を選べないのは当たり前です。

上司や先輩は、あなたならできると思ったから仕事を振ったのに、「無理です」「私ですか？」などと答えても、何もはじま

「動く」と決めることが大切

成長するために必要なのは……

❌ 不安をなくすための知識

失敗しないためにいろいろ学んでおかないと…

⭕ いかに早く失敗を重ねて経験値を増やすか

失敗してもその原因を検証して次につなげよう

失敗しても大丈夫！経験を糧にして「未来は自分の手でいくらでも生み出せる」という自信を生み続けましょう

りません。それに、どんな仕事でも、まずはやってみないと「自分の適性」もわかりません。

経験のない仕事を振られたとしても、「はい、やります。ただ、やったことがないので教えてください」と言って、チャレンジしていく習慣が、あなたの器を大きくしてくれます。

人は、**チャレンジしてはじめてわかることがあります。チャレンジした結果が、今の自分の実力であり、「自分にこんな才能があったんだ」と気づくこともあります。**

その仕事に「向いているか」「向いていないか」は、自分で決めることではありません。あなたの仕事ぶりは、しっかりとまわりの人が見ています。このことをよく覚えておいて、まずは「やる」と決意して、やってみてから考えましょう。

point

新人のうちから仕事を選ぼうとするのは間違い
チャレンジしないと自分の適性すらわからない

前進と成長の秘訣は「自責」で生きること

「自ら責任を持つ」という意識が重要

「うまくいかないとき」の3つの選択肢

「努力」とは、まわりからの評価を得るためにするものではありません。「努力」とは本来、自分の「目的」や「目標達成」のためにするものです。

努力していない人や、まわりから「がんばっている」と認めてほしい気持ちで一杯な人は、うまくいかない理由を環境や状況、あるいは仲間や取引先など、自分ではなく外部のせいにしがちです。しかし、**重要なのは、身のまわりで起こっていることに、自ら責任を持つ意識**です。

うまくいかないとき、人には3つの選択肢しかありません。

1つ目は「出来事や他人を批難するか無視する」、2つ目は「現状を変えるために自分で動く」、3つ目は「人生の解釈を変え、設計図を変える」です。

1つの事実をどう解釈するかの選択肢は無限

起こったことに対して、どのような解釈をするのかは自分の責任です。そして、起こったことという「事実」は1つしかありませんが、それをどう解釈するかの選択肢は無限にあります。

つまり、積極的な解釈（設計図を変えること）が、次のチャンスへとつながるのです。

生きていれば、いろいろなことが起こります。その度に、自

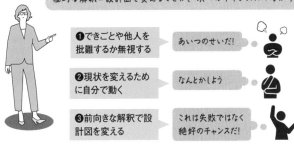

「うまくいかないとき」の３つの選択肢

うまくいかないとき、人には以下の３つの選択肢しかありません。積極的な解釈＝設計図を変えることが、次へのチャンスにつながります

❶できごとや他人を批難するか無視する　→　あいつのせいだ!

❷現状を変えるために自分で動く　→　なんとかしよう

❸前向きな解釈で設計図を変える　→　これは失敗ではなく絶好のチャンスだ!

分の人間力が試されていると考えましょう。そして、何が起きても「人生は決して他人のせいにしない」ことを忘れないようにしましょう。

　人生は、自責で生きるから、打開策が浮かぶのです。

　一流のビジネスパーソンになるためには、「相手との戦い」に勝つ前に、「己との闘い」に勝たなければなりません。

　どんなに苦しいことがあっても、自分自身を追い込んでいかなければ、その状況に対する打開策は生まれません。

　苦しさから逃げることは簡単です。しかし、逃げることで自分自身の夢や目標も、あなたの手から逃げていきます。

　日々、「自分との闘い」に勝つことで、成長と自己実現を勝ち取りましょう。

point

何かが起きたときに「他人のせい」にしても何も変わらない。「自責」で生きるから打開策が浮かぶ

habit 24 仕事の「原理原則」とは？

本気で仕事をする

「あなたが仕事をする」ことの意味

新人として配属されたり、新しい職場に転籍になったり、未知の仕事へのチャレンジだったりと、いろいろな経験をして、さまざまな人に教わりながら、人は「できる」ようになっていきます。しかし、いつまでも「言われたことだけ」「言われた量だけ」「言われた期日までに」やればよいというものではありません。

もちろん、言われたことをやることは大事なことですし、それを遂行する能力も1つの実力ではあります。

とはいえ、言われたことだけに習熟したところで、その仕事を進めるのは、あなたではなくてもいいということになります。

あなたが、その仕事に携わっている意味は何なのでしょう？

言われたこと以上のことや、言われたこと以外のことを、自ら考え、提案して実践してこそ、あなたが任されている意味が発生するのです。中には「自分は、命じられたことを一生懸命やっている」と思う人もいるかもしれません。もちろん、他人からの指示待ちでも「一生懸命」になることはできます。だから、一生懸命を超える熱意、つまり「本気」が大事であり、それが仕事なのです。「一生懸命に作業をする」のではなく、「本気で仕事をする」意識を持つことでようやく、あなたが仕事をすることの意味が生まれます。

その仕事を「自分がやる」ことの意味

「言われたこと」
だけをやる

「誰がやってもいい
仕事」でしかない

「言われたこと」
以上のことをやる

「あなたが任される意
味」が発生する

「自分がその仕事に
携わる意味」を常
に考え、「本気」で
仕事に取り組みま
しょう

「言われたこと」以上のことをやる意識が大切

　実業家の松下幸之助氏は、「自分のもらいたい分の10倍の価値をつくり出し与えなさい。そうすればその中から1は返ってくる」と言いました。**仕事においては「もらうより与えなさい」ということが原理原則**なのでしょう。

　多くの人は、もらう収入の範囲で仕事をこなそうとしますが、中には「もらう収入の10倍の価値を会社に提供するぞ」という心構えの人もいます。どちらの気持ちで働いている人を、会社は評価するでしょうか?

　きっと、どんな時代がきても、このような心構えを持っている人は、引く手あまたであり続けるでしょう。

point

「言われたこと」だけをやるのではなく
言われたこと以上のことを「本気」でやる

「限界」は成長の
チャンスととらえる
スキルアップはピンチからはじまる

壁にぶつかったときは成長のチャンス

仕事で「ピンチ」と思ったときこそ、「成長のチャンス」と
とらえましょう。

仕事をしていれば、不向きな仕事や、慣れない仕事で時間が
かかってしまい一杯一杯になってしまうこともあります。そん
なときこそ、「自分の器」を広げるチャンスです。

あなた自身の器の中には、仕事のほかにも家族との時間や趣
味の時間、デートの時間など、いろいろなボールが入っている
と思います。その器の中に、仕事というボールがどんどんやっ
てきます。その状態こそが、チャンスなのです。

努力してもなかなかうまくいかない人は、自分の器の中に「仕
事」という新しいボールを入れようとするあまり、ほかの「何
か」をその器から出して、新しいボールを入れようとしてしま
います。その結果、新しいボールは入るものの、何かを犠牲に
してしまったので、心の奥にわだかまりが残ります。

そのような状態では、結局、何ごとにも集中できなくなって
しまい、成果につながりません。

「仕事に選ばれる自分」をつくる

仕事を選ばず、何でも積極的にチャレンジすることで、自分
の気づいていない可能性を封じ込めずにすみます。

ツライときこそ自分の可能性を広げるチャンス

「もう限界」と自分の可能性を封じ込めるのではなく、「どのような対処が可能か」を考えて、「自分の器」を広げましょう

もうだめだ。趣味の
時間を削るしかない

自分はまだまだ
できるはず！ やってみよう

だから、仕事を振られたらまずはやってみましょう。

何ごとも「もう限界だ」と感じたところから、工夫がはじまり知恵が出てきて、こなす量も増えていきます。そうなれば、自然とスキルも向上していきます。

そして、成長したときに「あのころは、自分が思っていた限界値が低かったんだ」と気づくはずです。

上司や先輩から、「あなたならできる」と思われているうちが華です。

もしも「限界」と感じたら、「もしかしたら、自分が思っている限界値が低いのかもしれない」と、一度考えてみましょう。そうした仕事に対する姿勢が、「仕事を選ぶ」のではなく、「仕事に選ばれる自分」をつくり上げるのです。

point

どんな仕事も「やる」と決めて自分の器を広げる
「もう限界！」から工夫と知恵が生まれる

habit 26

「完璧な準備」が
自信をつくる

「言い訳の材料」を排除する

成長する人は「言い訳」をしない

仕事の「準備」は、丁寧にしましょう。

準備とは、「言い訳を排除する」ことです。

もう少し詳しく説明すると、**準備とは、「言い訳の材料」となる可能性のあるあらゆるものを排除していくために、考え得るすべてのことをこなしていく、ということ**なのです。

確実に成長する人は、自分の過ちは自分で責任を取ります。そして、決して「言い訳」をしません。

日米のプロ野球で活躍したイチロー選手は、あるインタビューに答えて「ハイレベルのスピードでプレイするために、ぼくは絶えず体と心の準備はしています。自分にとって大切なことは、試合前に完璧な準備をすることです」と言っています。いつも「これだけ完璧な準備をした」ということを大切にされていて、どんな結果でも、後悔はしない方なのでしょう。

「準備」とは言い訳を排除すること

一方、私たちはどうでしょう?

商談やプレゼン、取引先への訪問、会議や日常業務など、「完璧な準備をして臨む」という心構えはありますか?

本番がはじまる前の準備で、すでにあなたが得る結果は決まっているといっても過言ではありません。

「言い訳」を減らす方法

① 自分がつい口に出してしまう「言い訳」を書き出す

② 「言い訳」をすべて書き出したら目につく場所に貼る

③ 目につく場所に貼った「言い訳」リストを毎日見る

④ 「もうこの言い訳はしない」と感じたものは線を引いて消す

このように、常に「言い訳」と向き合って、言い訳ばかりの人生から脱出しましょう

自分が考え得る「完璧な準備」を意識してやりきることで、まずは「自信」ができあがり、その結果、「好ましい成果」につながります。

成果の度合いは、準備の度合いなのです。

……などというと、プレッシャーと感じる人もいるかもしれません。しかし、とらえ方を変えると、気が楽になるはずです。

なぜなら、十分な準備をしていれば、「自分はやるべき準備を全部やった」と自分に言い聞かせて本番に臨むことができるので、緊張することはありません。そして、どんな結果であったとしても、自分で納得できるはずです。

自分で納得できれば、正しい分析ができます。そして自分に足りないものがわかるので、間違いなく次につながります。

point

「言い訳の材料」を徹底的に排除することで
緊張することはなくなり、結果に納得できる

habit 27

「書く」習慣で
頭と仕事を整理する

「メモ」で記憶を強化し頭を整理する

何でも「メモをとる」という習慣

私たちは、どれだけよい話を聞いたとしても、数分経てばどんどん忘れていきます。

人間は、覚えたことの半分程度は1時間で忘れ、1日経てば70％以上を、1カ月経てば約80％を忘れるとも言われています。だから、**常に「メモをとる」「書き出す」という習慣を大切にしましょう。**

この習慣がある場合とない場合では、あなたの未来はかなり違った結果になります。

書き出すのは、ポイントだけの箇条書きでも構いません。あとで見返したときに、「これって何だったっけ？」となるかもしれませんが、やがて記憶をたぐり寄せることができます。

人の話を聞いたときだけでなく、自分のひらめきもどんどん書き出しましょう。電車に乗っているときや夜中にふとひらめいたこと、やりたいと思ったこと、ふと思い出した忘れていたことなど、何でも構いません。

また、誰かへのお礼や、不義理をしたことなどを思い出したときも、すぐにメモしましょう。

頭を整理して作業を順番にこなす

仕事をしていて、あれやこれやとやらなければならないこと

自分の行動を管理する方法

寝る前にこの「行動を管理する習慣」を行いましょう

❶明日やるべきことをすべて書き出す ▶ ❷大切だと思う順に番号をつける ▶ ❸番号順に声に出して読む

❼番号順に淡々と仕事をこなす ◀ ❻会社についたらもう一度読み返す ◀ ❺翌朝、目が覚めたらもう一度、番号順に読む ◀ ❹寝る

が溜まってくると、心が動揺してイライラし、今、何をやるべきかを判断できなくなってしまいます。その結果、優先順位を間違えて「こっちをやるべきだった」「これを忘れてた」「どれから手をつければいいのだろう？」などとパニック状態に陥ってしまいます。

「忙しい」と「忘れる」ことも増えます。どちらも「心」を「亡」くした状態です。心を亡くしてしまうのは、頭の中の整理ができていないからです。

どれだけ作業量が多かろうが、整理ができていれば順番にこなしていくことができます。

仕事というものは、できることをコツコツやっていくしかないのです。

point

「書き出す」習慣は記憶を強化するだけでなく
頭を整理して作業を効率化する効果もある

ビジネスは「体」と「心」が基本

自分の中に基準を持つ

自分の資源は「体」と「心」

会社の経営資源には「人」「モノ」「お金」「情報」「システム」「運（ツキ）」などがありますが、**人生経営においては「体」と「心」の2つがもっとも重要かつ大切な資源**です。

何かを生み出していくために必要な「頭脳」と「やる気」、そして、もちろん生き方や習慣としての「プラス思考」が常に万全の状態であることが、よりよいパフォーマンスを発揮するための基本です。

そのための大切な資本が「体」です。**健康な体があってこそ、プラス思考も活かされます。**

だからといって、マイペースで仕事をやりましょう、などと言っている訳ではありません。大切なのは、「どうすることが最適か、自分の中に基準を持つ」ことです。

たとえば、感覚的なものでもいいので、あなたの体のことも考えながら「少々の無理はする」、しかし「無茶は極力避ける」といった基準を設けましょう。そして「今回は少し無茶したな」と思った場合は、その自覚を忘れずに、次からは無茶せずに仕事ができるよう仕事の進め方を改善するのです。

まわりの人や環境によって変わる「ビジョン」

そして、心のケアも大切です。いくら「プラス思考」になる

「会社」と「人間」の経営資源

会社の4大経営資源

人

お金

モノ

情報

人間の2大経営資源

体　心

「体が資本」という言葉のとおり、健康な体こそが、あなたが生涯にわたり成果を出したり、他人に喜びを与えたりするという「結果」を生んでいくのです

ための知識を学び、トレーニングを積んだからといって、それまでマイナス思考で生きてきた人が、いきなりプラス思考に変わるのは容易ではありません。

　それでは、マイナスに大きく振れた心の状態を動かすためには、一体、どうすればいいのでしょうか?

　それは、「ビジョン」を変えることです。

　今の自分の状況ばかりに意識がとらわれている場合は、少し視野を広げてみましょう。目の前のことに一杯一杯になっている人は、一度、自分自身を振り返ってみてください。

　どんな「ビジョン」を描くかは自分次第ですが、**「ビジョン」は、誰と会って、どんな環境に身を置くかによっても大きく変わります**。そして、「ビジョン」が変われば、「結果」も変わります。

point

どうすることが最適か自分の中に基準を持ち
仕事の進め方を改善していくことが大切

habit 29

「伸びる人」に共通する特徴とは？

「肯定的な脳（プラス思考）」を目指す

伸びる人は「素直な負けず嫌い」が多い

私はよく、メンタルサポートを目的としてクラブ活動をする中高生を対象とした講演を行っています。私自身も、27歳になるまで社会人野球に打ち込んでいました。

さて、みなさんに質問です。スポーツ選手にとって、テクニックや体力以外に重要な要素は何だと思いますか？

その答えは、「人間的な要素」です。

相撲ではよく「心・技・体」と言いますが、優秀なスポーツ選手の条件には、体力と技術だけではどうにもならないものがあります。それが、「負けず嫌い」という性格です。

ただし、**スポーツ選手が大きく成長するためには、負けず嫌いだけでは十分ではありません。そこに「素直さ」がプラスされた、「素直な負けず嫌い」であることが重要**なのです。

素直さがないと、指導者や指導方針に対する不満やチームメイトに対する不満、家庭や学校、職場での不満などが多くなり、トラブルが増えます。つまり、人間は素直でないと、否定的（マイナス）な脳になりやすいのです。

閉じた「心の入口」を開く鍵

これは、ビジネスでも一緒です。

だから、「自分はマイナス思考になりやすい」と感じている

素直さがないと不満が増える

素直な心がないと……

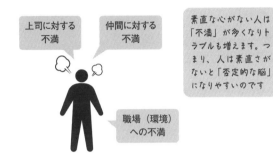

上司に対する
不満

仲間に対する
不満

職場（環境）
への不満

素直な心がない人は
「不満」が多くなりト
ラブルも増えます。つ
まり、人は素直さが
ないと「否定的な脳」
になりやすいのです

人は、「素直さ」を身につけて、「肯定的な脳（プラス思考）」を目指しましょう。

　心が「素直」だと、何ごとも前向きにとらえて、積極的に生きていけるようになります。そのためには夢を持ち、妄想でもいいのでワクワクしましょう。

「素直」な心が持てない人は、いうなれば「心の入口」に鍵がかかっている状態です。しかし、その鍵は自分が持っています。だから、簡単に開くことができます。その鍵の名前が「素直」なのです。

　もし、誰かに何かを指摘されたら、「はい、そうですね」「はい、やってみます」と答えて、素直に改善しましょう。この習慣が身につけば、必ず成長することができます。

point

人間は素直でないと「否定的な脳」になりがち
素直な心を意識して「肯定的な脳」を目指そう

考える力を鍛える

自分で考えて、自分の道を歩く

まずは自分で考えてみる

最近は便利な世の中になりました。知りたいことがあれば、Google 検索をすれば、すぐに答えがわかります。みなさんの中にも、上司に質問されて、「ググってみます」なんて返している人も多いと思います。

しかし、実のところ私は、「何でもかんでもすぐに検索しないほうがいい」と考えています。

ネット検索だけではありません。私は、すぐに人に聞いたり、すぐに本で調べたりするのも、やめたほうがいいと思っています。こんなことを書くと、「えっ、じゃあどうするの？」と思う人もいると思いますが、答えは簡単です。

自分で、考えてみるのです。

ときには「考えることを休む」のも大切

わからないことであればあるほど、一度、自分で考えてみましょう。「なぜ、こうなるのか？」「何が原因なのか？」「何のためのもの（こと）なのか？」、悩んでもすぐに相談せず、自身で悩んでみましょう。「○分考える」、あるいは「○日考える」と時間を決めて、その期間は途方に暮れて、悩んでみるのです。

便利な世の中になればなるほど、「いったんは自分で考える」という習慣が、あなたの脳を鍛えてくれます。

悩むことで考える力が身につく

なぜこうなるのか？

何が原因なのか？

なんのためのもの（こと）なのか？

便利な世の中だからこそ、あえて「いったん自分で考えてみる」習慣を身につけましょう。「自分で考えて、自分の道を歩く」という意識が大切です

とはいえ、ときには「考えることを休む」ことも大切です。

何となくやる気が出ずに落ち込んでいるときや、とにかく「がんばらなくちゃ」と思い込んで、気がついたら休憩も取らずに仕事をして、ますます疲れて不安が増幅してしまう、といったこともあるものです。

そんなときは、自分でティータイムをつくって、脳を休めましょう。コーヒーやお茶をいれて、ほんの２、３分でいいので、こまめに一息つきましょう。

何もない無関心な時間が、また、あなたのやる気と集中力を引き出してくれます。

人生は「ブレーキを踏まない」ことが大切ですが、常にアクセル全開ではなくても、前に進んでいればいいのです。

point

わからないことがあってもすぐに検索したり
人に聞いたりせず、まずは自分で考える習慣を

habit 31 「自分に関係ない」ことなど1つもない

「仲間とともに」を常に意識する

すべて自分ごととして考えてみる

組織で働いていくのであれば、「仲間とともに」という気持ちが大切です。

そのためには、自分のまわりに起きることすべてが、自分に関係のあることだと、いったんは考えてみる習慣をつけましょう。**あなたの身のまわりに起きることで、あなたに関係のないことなど1つもありません。**

とはいえ、「何でもかんでも首を突っ込もう」と言っているわけではありません。すべてを自分ごととしてとらえて、いったんは考えてみる、ということが大切なのです。

何ごとも「明日は我が身」です。自分を信じて生きるとは、自分自身の心を整えて、安心感を抱いて生きるということです。

この「安心感」を、「何も自分のまわりに起きないから安心」とか、「そのできごとは私と関係ないから安心」といった意味と勘違いしないでください。

自分を信じて、安心して生きていくということは、何が起きても、どんな状況に巻き込まれても、その向こう側の「こと」や「もの」を見つめ、今の状況にチャレンジするということです。

意識と行動は仲間に伝わる

好ましくないことが起こったときや誰かが困っているとき、

「仲間」とよい関係を築くための2つのポイント

 ❶「頼り合う」
のではなく
「助け合う」

 ❷謝るべきことは
素直に、
誠実に謝る

「負けず嫌い」はよいことですが、いつも意地を張っていては疲れるだけ。ときには仲間に相談して、客観的視点からアドバイスをもらうことも大切です

仲間が助けを求めているときには、あなたができることを全部やってみましょう。

「自分には関係ない」と言ったところで、あなたのまわりで、あなたに関係のないことなど起こりません。なぜなら、本当にあなたに関係ないことなら、あなたの目や耳にその情報は入ってこないからです。

　組織である以上、ワンマンプレーでまわっている会社などありません。常に「仲間を助ける」という意識で行動すれば、それは仲間にも伝わります。

　あなたの気持ちと行動が伝われば、あなたに好ましくないことが起こったときも、必ず仲間が助けてくれます。

　仕事は「仲間とともに」を、常に意識しましょう。

point

常に「仲間を助ける」という意識で行動すれば
自分が困ったときに必ず仲間が助けてくれる

いつも「新鮮な私」で いることを意識する

初心を忘れず、未来の自分を信じる

　私たち人間は、基本的に「ナマケモノ」です。だから、ときには「疲れた」という言葉を吐きたくなります。

　しかし、そこはグッとこらえて「よくがんばったな、自分」と言うようにしましょう。わざわざ「疲れた」という言葉を自分の耳に入れると、脳が勝手に「疲れているんだ」と解釈して、もっと疲れてしまいます。

「疲れない」ためには、初心を忘れないことが大切です。

　毎日初心に帰り、そのときの気持ちを思い出せば疲れません。それどころか、毎日気力が充実してきます。

　初心とは、振り返り思い出すことです。

　何かをやろうと決めたとき、どこで、どんな場所で、どんな状況で、誰と一緒だった、どんな会話だった、どんな気温で、あなたの服装は……と、いろいろと思い出してみましょう。

　そのときに、あなたは「やろう」と思ったのです。

　初心を大切にして、いつも「新鮮な自分」でいるという思考習慣を持つことで、あなたは、あなたにしかできないことができるようになります。

　そのために今、あなたは訓練、修業、鍛錬、努力を積み重ねているのです。

　初心を忘れず、未来の自分を信じてあげましょう。

第4章

「成長」し続ける人の
習慣術

「自分の人生」を生きるためには、「理想の自分」を思い描き、行動しなければなりません。自分が克服すべき課題は、常に「理想」と「現状」のギャップの中にあります。そして、「成長」するためには多くの「失敗」を経験し、そこから学ぶしかありません。

「理想の自分」を目指して「課題」を埋めていく

「理想」と「現状」のギャップを埋める

「理想の自分」-「今の自分」=「課題」

あなたは、「自分の人生」を生きていますか？

「親」や「先生」の人生設計図でもなく、「他人の目」という人生設計図でもなく、自分の人生を生きていく覚悟を持っていますか？

自分の人生を生きるためには、せめて3年後、5年後に自分がどんな「あり方」をしていたいのか「理想の自分」を思い描き、考える必要があります。

「理想の自分」-「今の自分」=「課題」です。

その「課題」を埋めるためには、常に学び、実践するしかありません。

そしてもちろん、動かない人には、結果は出ません。

「理想の自分」を目指して、「課題」を学びや実践で埋めていく。その繰り返しを習慣化していきましょう。

人はチャレンジして失敗したことより、チャレンジしなかったことを後悔するものです。

チャレンジすることで、今まで自分が知らなかった領域にまで意識や経験が拡大されます。

人間の生き方は、「未来を創造する生き方」か「過去を反復する生き方」の2種類しかありません。そのどちらを選択するのかは、あなた次第です。

「課題」は理想と現実のギャップの中にある

3年後、5年後、10年後に「どんな自分でありたいか」を常に意識して、「課題」を埋めるために学びと実践を繰り返しましょう

理想の自分 ― 今の自分 ＝ 課題

「あなたの人生」を生きるために

　たとえば、自分は「営業が苦手」と思うのであれば、なぜ下手なのかを検証し、「第一印象」が原因だと思ったなら、服装やしゃべり方、清潔感や表情などをチェックして、改善する必要があります。あるいは人と接することそのものに緊張してしまうのであれば、積極的に初対面の人と交流できる場に出かけるようにして、経験を積むことも大切です。

　自分が克服すべき課題は、常に「理想」と「現状」のギャップの中にあります。

　誰の人生でもなく、あなたの人生です。毎日毎日のコツコツとした積み重ねが、自分をつくり上げていくのです。

point

「自分の人生」を生きるために、「課題」を
学びや実践で埋めていく習慣を身につける

学びは「実践」してこそ意味がある

学びと実践から新しい発見を見いだす

学びは実践して活かすもの

　私はすでに還暦を超えましたが、歳を取れば取るほど、人間は「一生学び」であることを痛感しています。自己成長の一環として、あるいは「なりたい自分」や「人の役に立つ自分」になるためには、常に学び、実践し続けることが大切なのです。「学び続ける」とは、「学びを活かす」ことです。そして「実践」とは、「その学びを出力して活かす」ということです。

　学ぶ側で居続けるのはとても楽な生き方です。学んでいる限り自分が成長しているような気もしますし、責任を取る必要もありません。しかし、学ぶだけでは成長できません。学ぶとは変わることです。実践してはじめて学んだことになるのです。だから、「学ぶだけ」を卒業しましょう。

すべてのできごとから学ぶ

　学びを実践する際には、以下の言葉を意識してみましょう。
「敗者はそれを失敗だと言い、勝者はそれを学習だと言う」

　あなたは、日々のできごとを「勝った」「負けた」で判断していませんか？ ついつい「失敗した」や「間違えた」といった言葉を口に出していませんか？

　実践をとおして「負けた」「失敗した」と思うようなできごとが起こったら、「学習した」と肯定的な言葉にして出し、す

「学ぶだけ」では成長できない

学ぶことは「気持ちいい」が……

こんな知識も身につけた

自分は成長している!

「学ぶ側」で居続けることは楽で気持ちいいものですが、人は「ただ学ぶだけ」では成長できません。その学びを「出力して活かす」ことを常に意識しましょう。

ぐに改善点を探しましょう。勘違いしてはいけないのは、「学習した」と思い込んで、安心してはいけないということです。

意識すべきなのは「安心」ではなく、「改善」です。

そして、改善に向けてできる準備をして、やるべきことはすぐにやる。そんな思考習慣を身につけましょう。

改善のためには、まずは「自分に気づく」ことが大切です。**思ったとおりの結果が出ないときに、多くの人は「失敗した」と解釈しますが、そうではなく、「そこから何が学べるか」に意識を持っていく**のです。明確な目標があれば、そこにポイントを合わせることで、常に新しい発見に出会えるものです。

実践→結果→学習→改善→実践を繰り返し、「すべてのできごとから学ぶ」という心構えが重要です。

point

学びを活かすには実践する必要がある
実践したら改善し、またすぐ実践する

「過去の記憶」と「思い込み」を捨てよう

先入観や固定観念を手放す

「思い込みの枠」の弊害

あなたが「いい仕事をしたい」と思っているのなら、自分の中にある先入観や固定観念をぶち壊してしまいましょう。

たとえば、大した根拠もないのに「自分は絶対に正しい」「こんなアイデアが実現できるはずがない」「どうせ彼に任せてもムダだ」「常識的に考えて無理だ」などと、一方的に決めつけていませんか？ こうした「思い込み」が多い上司を持つと、部下は苦労するはずです。なぜなら、**組織やチームとは、リーダーの思考範囲を超えて成長や発展をすることはない**からです。

もしもあなたがリーダーであれば、そうした「思い込みの枠」がどれだけチームの成長や発展を阻害しているか、気づくことは難しいです。だからこそ、**本を読んだり、先人の話を聞いたり、カウンセリングやコーチングなどを受けたりして、自分の中に「思考の枠」が存在していることに気づく必要がある**のです。

「失敗」は2種類ある

今までと同じことを考えて、同じ取り組みをしていても、思考は広がりません。それでは、どうすればいいかというと、**「自分比150%や200%」を目指す**のです。「できる」「できない」ではなく、「200%」を目指すとなると、間違いなく「今までと同じやり方」ではできないため、新しい発想や企画、行動案な

どが必要になります。だからこそ、大きな目標が必要なのです。

「そんなことをして、失敗したら笑われる」と思いましたか？ **チャレンジして失敗したのなら、笑われたって恥ずかしくありません。一番恥ずかしいのは、チャレンジを回避して、できない理由ばかり探して、何もしないこと**です。

「私って○○な人間なんです」「私は今までいつもそうだったのです」などと、過去の経験をもとにして自分を枠の中に閉じ込めるのもやめましょう。そう言って自分を閉じ込めたほうが新しいチャレンジをしなくて済むので楽かもしれませんが、過去の経験によって自分の枠を制限し、未来の無限に存在する可能性の芽を摘むことが、どれほど馬鹿げているかを考えてみてください。私たちは、可能性の塊なのです。

point

「思い込み」は「いい仕事」の妨げとなる
思い込みの枠を外して自分比200%を目指そう

自分に「投資」する習慣を持とう

「時間」と「距離」に投資することで差がつく

自分を成長させるための「時間の投資」

あなたは「投資」と聞いて、何を想像しますか？ 資産運用や株式投資、不動産投資などでしょうか？ それはそれで、あなたにとって必要でワクワクするものであればやってください。

私がおすすめしたい投資は、「時間の投資」と「距離の投資」です。時間とは、自分で活用方法をつくり出すものです。だから、仕事も遊びも一生懸命にやるべきです。そしてもう１つ、**自分を成長させることにも、時間を投資しましょう**。

たとえば、今日からの５年間に、何時間、自分を成長させるために時間を投資するか、考えてみましょう。そのための時間を自分でつくり出し、自分の意思で投資していくのです。

私は、購入したものが払った額以上の価値を生むものが「投資」だと考えています。そして、購入したものが払った額と同じ価値であれば「消費」で、払った額以下の価値の場合は「浪費」です。

自分を成長させるために本を読んだり、セミナーに参加したり、芸術に触れたり、趣味に時間とお金を費やしてリフレッシュしたりするのもよいでしょう。

ただし、自分では「投資」のつもりでも、続けても効果が出ないものにお金や時間を使っているのであれば、それはただの「消費」であり、もしかしたら「浪費」になっているかもしれ

「成長のために投資する」という意識を持って生きると決める「勇気の投資」をしましょう

投資	消費	浪費
払った額や使った時間以上の価値がある	払った額や使った時間と同じ価値がある	払った額や使った時間以下の価値しかない

ません。

「行動の差」をあなどってはいけない

　もう1つは「距離の投資」です。「このセミナーに参加してみたいけど、開催場所が遠いな」などと思ってためらっていたら、いつまで経っても行動に移せません。

　場所や距離のことなんて考えず、「今、自分に必要なこと」と感じたら、すぐに行動しましょう。

「知識の差」などというものはたかが知れています。しかし**「行動の差」は、のちのちとんでもない大差がつきます。**

「時間」と「距離」に投資する意識を持って生きていく、と覚悟する「勇気の投資」をお忘れなく。

point

成長のためには「時間」と「距離」を投資する
知識より「行動の差」のほうが埋めるのは難しい

「他信」ではなく「自信」で生きる

「自分を信じる」ための条件

「自信」と「他信」の違い

「自信」とは、文字どおり「自らを信じる」ことです。つまり、自信を持ちたいなら、他人の評価など気にしないで、自分が自分を信じればいいのです。

「仕事がうまくいけば自信が持てる」と思う人もいるかもしれません。しかし、それは自分ではなく「仕事の結果」を信じたいと思っているだけです。

「人から認めてもらえたから自信が持てる」というのであれば、それは、自分ではなく他人を信じているだけです。

同じく、「根拠があるから信じられる」という場合は、自分ではなく「根拠」を信じているだけです。

よく考えてみてください。それらはすべて「自信」ではなく「他信」です。

よく、「自信がない」「自信が持てない」と言う人がいますが、実際のところ、自信とは「ある・ない」ものでも、「持つ・持たない」ものでもありません。

だから、あなた自身が「自分を信じる」ことができれば、すぐに自信を持つことができます。

ただし、自分を信じるためには、あなた自身が「目標や理想に向かって前進している」と確信する必要があります。

「他信」と「自信」

自信を持って何かを決めるためには「正解がないことを前提として、あなたがあなた自身で情報を収集し、自分なりの考え方を持つ」ことを意識しましょう

他信

仕事がうまくいったら、人から評価されたら、実績があれば、自信が持てるはず…

自信

情報を収集してこれまでの経験も検証し、自分なりに考えて人の意見も聞いた。よし、実践するぞ

自分を信じてくれる人を思い出す

とはいえ、「自分で自分を信じる」なんて、曖昧でイメージできないという人もいるでしょう。そんな人は、自分を信じてくれる誰かを思い出しましょう。

自信を持つためには、多くの人に好かれたり、認められたりする必要はありません。会社の同僚でも、先輩でも、あるいは家族や恋人でも、たった1人の「誰か」から好かれた、認められたと感じたら、自信を持っていいのです。

たとえたった1人であったとしても、あなたを信じている人がいるのならば、その1人のためにも、あなたも自分を信じましょう。

point

「自分を信じる」には、目標や理想に向かって前進していることを確信する必要がある

「よい錯覚」をして行動につなげる

「根拠のない自信」が自分を高める

「錯覚」が「根拠のある自信」になる

先ほども書いたとおり、自信とは「自分が出した結果を信じる」ことではありません。

自信を持つために必要なのは、自分自身が「自分にはできる。やり切る力がある」と信じることです。

つまり、「根拠のない自信」が重要なのです。

もちろん、「根拠のない自信」は、単なる「錯覚」のようなものです。

しかし、**「自分はできる」「自分はやり切れる」という肯定的な錯覚を持つことができれば、躊躇せず、すぐにスタートすることができる**はずです。

だから、最初は「錯覚」でいいのです。その「根拠のない自信」が、あなたの才能を最大限に開花させる「もと」になります。

まずは行動して、成果や結果につながれば、その「錯覚」が「根拠のある自信」になり、あなたの「確信」に変わります。

しかし、その過程で「自分はできる」と慢心してしまうと、あなたの成長はストップします。だから、ここで安心も慢心もせずに、またすぐ「次の錯覚」をして、行動しましょう。

「よい錯覚」が人生を変える

私たちは、自分自身を「錯覚」によってつくり上げていると

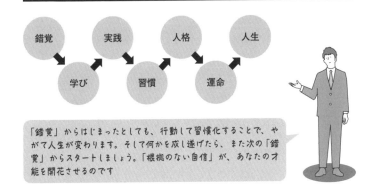

「根拠のない自信＝錯覚」が人生を変える

錯覚 → 学び → 実践 → 習慣 → 人格 → 運命 → 人生

「錯覚」からはじまったとしても、行動して習慣化することで、やがて人生が変わります。そして何かを成し遂げたら、また次の「錯覚」からスタートしましょう。「根拠のない自信」が、あなたの才能を開花させるのです

言っても過言ではありません。ということは、当然、悪い錯覚をするより、よい錯覚をしたほうが幸せになれます。

　常にポジティブな錯覚をして、目標や理想を実現した自分をイメージして、「自分はできる」と思い込みましょう。

　この習慣を続けていれば、気づいたときには「なりたい自分」が実現しているはずです。

　錯覚からはじまったものでも、それを学びに落とし込み、実践し、習慣化すれば、それはいつの間にか人格となり、人格は運命となり、人生を変えてくれます。

　そしてまた、新たな錯覚をすれば、さらに1つ、あなたのステージが上がります。

　根拠のない自信が、あなたの才能を開花させるのです。

point

「よい錯覚」を持ち、「自分はできる」と
思い込んで、学びと実践を繰り返そう

自分に「限界」を
設定するのをやめる
「限界」の先の「可能性」を見る

あなたの「生き様」が限界を決めている

よく、「これが限界です」「ここまでやってダメだったので、もう無理です」と口にする人がいます。しかし、この「限界」は、何が基準なのでしょうか?

おそらく、「限界」と感じる基準は人それぞれで、定義や共通の基準といったものはないはずです。

もちろん、物理的な「限界」はあります。たとえば、男性は子どもを産めませんし、人間がグライダーや飛行機といった道具や機械を使わずに空を飛ぶことは、現実的に無理です。しかし、そうした物理的限界以外の「限界」を決めるのは、人の心です。多くの人は、自分のセルフイメージを基準に「限界」を決めています。だから、自分に甘い人にとっては、限界は「低く、近く、早い」ものになります。

一方で、自分に厳しい人にとっての限界は「高く、遠く、遅い」ものになります。

つまり、**限界というものはセルフイメージの限界であり、心理的限界でしかないので、人それぞれの「生き様」によって、変わってくる**のです。

「限界点」は「出発点」でしかない

セルフイメージによって決められた「これが限界」「もうこれ

限界を超えることにチャレンジ

「自分の限界」とは、今のあなたが感じている感情的な壁でしかありません。その先には、「可能性」という無限の世界が広がっているのです

これが限界
もうこれ以上
は無理

無理で
はない
これが限界
ではない

以上は無理」というのは、実際には「まだまだこれから」ということです。だから、「無理ではない」「これが限界ではない」と、常に自身の限界を超えることにチャレンジしていきましょう。

　豊かな人生とは、**人生を思いのままに生きることです。**

　そのためには、「自分の限界」ではなく、「自分の可能性」に従って生きる必要があります。

「自分の限界」とは、今のあなたが感じている感情的な壁のことです。そして「自分の可能性」とは、その壁の向こうに広がる無限の世界のことです。ということは、今、あなたが感じている「限界点」は、無限の世界への「出発点」なのです。

　あなたの心の中の限界を出発点にして、自分の可能性を追求する人生を選択していきましょう。

point

「限界」を決めているのは自分の心
自分の「限界点」は無限の世界への「出発点」

ほかの人と「比較」しても意味がない

「まずは自分が上がる！」と決める

「条件が異なる人」と比較しても意味がない

もし、あなたにとって短期的ライバルとなる人がいたら、互いにいい刺激を与え合いながら、切磋琢磨するのもいいでしょう。そして、「あの人だけには負けたくない」と思う人がいるなら、その人の倍の努力をしましょう。

ただし、そうした関係ではない人と自分を何かと比較したり、競争したりするのは、無意味なのでやめましょう。

学生時代までは、誰しもほぼ同じような条件のもとで競争してきました。もちろん、同じ年次の学生同士でも、成育環境や能力、技術、経験などはバラバラですが、たとえばスポーツであれば、高校生同士や大学生同士という括りの中でルールが定められ、試合によって勝敗を決めてきました。

しかし、社会に出たら、そうした「同じような条件」はなくなります。そして、もともと**自分とは「条件が異なる人」と比較をしたり、競争したりしても意味がありません。**

「昨日の自分」と競争する

条件が違うのに、人は比較や競争を繰り返し、その結果で、自分の「間違ったマイナスイメージ」をつくり上げ、勝手に落ち込んだり、不必要に力んだりしてしまいます。

また、まわりの人たちは、あなたに対して「新入社員」「入

「過去の自分」と比較する

今日の自分は1年前の自分と比べてどれだけ経験が増えた?

今日の自分は半年前の自分よりチャレンジしているか?

今日の自分は昨日の自分を1ミリでも超えられたのか?

1年前

半年前

昨日

過去の自分と比較して、「今日できること」を常に考えていれば、明日の自分は必ず成長しています

社3年目」「中堅社員」「ベテラン社員」などと無責任にレッテルを貼りたがるかもしれません。

しかし、そんな言葉に惑わされる必要はありません。

誰しも、社会人として、会社やチームの一員として「成長していく」という階段は、一段一段しか上れません。

それでは、どこで差がつくのかというと、その階段を上るスピードです。新入社員でも、入社3年目でも、「まわりと比較してどうか」などということは気にせずに、駆け上がってしまえばいいのです。みんなで一緒に横並びで上る必要などありません。

だから、「まずは自分が上がる!」と決めてしまいましょう。

そして、**どうしても比較や競争がしたければ、「昨日の自分」と競争するようにしましょう**。

point

条件や成長スピードは人それぞれ
比較するなら「昨日の自分」と競争しよう

自分の「弱さ」を隠す必要はない

「弱さ」を認め強い自分になる

正面から自分の「弱さ」と向き合う

自分の「弱さ」を隠す必要はありません。むしろ、そんな自分と前向きにつき合っていきましょう。

どんな自分からも逃げず、どんな自分もごまかさず、正面から自分の「弱さ」と向き合うことなくして、「強い自分」にはなれません。**努力とは、自分と正直に向き合うこと**だからです。

また、「弱さ」を認めるべきなのは、自分自身に対してだけではありません。

この世界には、必ずあなたのことを深く理解してくれる人がいます。しかし、あなた自身が自分をつくろってばかりいたら、そんな人は見つかりません。

あなたのことを深く理解してくれる人は、あなた自身が「すべてのあなた」「あなたの本性」をさらけ出さない限り、見つかることはないからです。

そして、あなたが「本性」でつき合わない限り、いつまで経っても「○○な人」という前提条件ありきで、相手はあなたとつき合うことになるでしょう。

人間関係の原理原則

自分の弱い部分、恨みつらみの部分、繊細な部分や嫌な部分をさらけ出すのは、誰にとっても怖いものです。

自分の中にある「弱さ」を自覚する

「自分の弱さ」と正面から向き合うことなくして、その弱さを克服することはできません

繊細さ　忍耐力不足　恨みつらみ　焦り　妬み

しかし、恐る恐るでもいいので、「自分を理解してくれる人」に自分のすべてをさらけ出したとき、きっとあなたの世界観は変わります。そしていつか、心底から救われたと感じる日がくるはずです。

そのためには、自分の本音で生きていく必要があります。

私は、人間関係に善悪はないと考えています。それでは何があるのか？

それは、「壊れやすい人の心」です。

だから、**人を責めるより、自分の未熟さを認めましょう。**

そして、すべての人に対して、自分にできる手段を尽くして、自分にできる限りのすべての時間を使って、やり切る人生を目指しましょう。

point

**自分の中にある「弱さ」を認め、
自分をつくろわずに人とつき合おう**

目に見えない
「最高の能力」とは?

目の前の「1人」を喜ばせる

「人気のある人」の条件

あなたは、自分が「人気のある人」だと思いますか?

人から高い評価を受けるためには、「よい結果」を出す必要があるというのは当たり前のことです。さらに、人気を高めたかったら、結果を出すだけではなく、いつも他人から期待される人でいなければなりません。

上司から期待されていない部下や顧客や株主から期待されていない企業などが、幸福になることは絶対にありません。

「私は他人の目など気にしない」という人もいるかもしれません。しかし、本当にそう言えるのは、実のところ、それまでの人生で一定の成果や結果を残している人だけ、と私は考えています。

「人気」という目に見えない能力

「私は他人の目など気にしない」と言ってみたところで、人間は「社会的な動物」です。他人に評価されることではじめて、存在価値が発生するということを忘れてはいけません。

そこで、以下の「不幸の3定義」をよく覚えておきましょう。

その定義とは、「人に大切に思われない人」「人に感謝することができない人」「人に感謝されることがない人」です。

幸福な人とは、職場や家庭、知人や友人などから「存在を期

「不幸の3定義」とは？

「幸福な人」とは、まわりの人たちから「いてほしい」と存在を期待される人気のある人です。「いなくてもいい」「いないほうがいい」と思われている人に、運やツキがまわってくることはありません

人に大切に
思われない人

人に感謝すること
ができない人

人に感謝される
ことがない人

待され、人気のある人」です。

「この人はいてもいなくてもいい」「いないほうがいい」と他人から思われている人に、ツキや運がめぐってくるはずがありません。

人気という目に見えないものこそが、最高の能力なのです。

だから、まずは「あなたといたら楽しいです」「あなたといたら勉強になります」「あなたがいるからがんばれます」と言ってもらえるような自分でいましょう。

今のあなたにも、そんなふうに言ってくれる人が何人かはいるはずです。その数を、1人1人増やしていきましょう。

大丈夫です。目の前の1人1人を喜ばせることを意識していれば、いつしか、あなたのファンは増えていきます。

point

「人気」という能力を身につけるためには
目の前の1人1人を喜ばせるという意識が大切

「寝る前のひと言」で脳をスッキリさせる

脳のクリアリング

脳は寝ている間も活動している

脳は、あなたが寝ている間にも活動しています。そのため、眠りに就く直前の「感情」や「イメージ」が、睡眠の質や明日のあなたの活躍に大きな影響を与えます。

「寝る前の10分間」は、「朝、目が覚めてからの15分」（50ページ参照）同様に脳のゴールデンタイムです。その、大切な「寝る前」に行うものとしておすすめなのが、**「寝る前のひと言」で脳をスッキリさせる習慣**です。

もちろん、「おやすみなさい」も大切なのですが、もうひと言、脳によいイメージを与える言葉を声に出して、つけ加えてください。たとえば、私は毎晩「今日も最高の1日だった、ありがとうございます。明日も最高の1日になった、ありがとうございます」と呟いています。

「今日の感謝と明日の断定」として、明日のこともあえて過去形で言っています。日々、好ましいことも好ましくないことも、いろいろなことが起きます。しかし、私の場合は何があっても、この言葉で締めくくると決めています。

脳にとっては、入ってきた言葉の内容に「嘘」も「本当」もありません。すべてを真実と受け止めます。だから、仮に嘘であっても、脳がザワザワしない肯定的な言葉をあえて口に出すのです。私は、この習慣を「脳のクリアリング」と呼んでいます。

脳をクリアリングする方法

肯定的な言葉を声に出すだけでなく、書き出すことでさらにクリアリングの効果が高まります

❶今日あった「よかったこと」を書き出す

TIP

マイナスだった日ほど「よかったこと」をたくさん書き出す

❷「今日の改善点」を書き出す

TIP

プラスだった日ほど「改善点」をたくさん書き出す

❸「明日の対策と決意」を書き出す

TIP

対策と決意は「〜したい」ではなく「〜する」と断定形で書く

脳にとっては「寝る前の最後の言葉」が重要

　脳のクリアリングを行う際には、注意すべきことがあります。それは、「決めのひと言」を呟いたら、そのまましっかり就寝するということです。たとえば、せっかくの決めのひと言のあとに「あ〜あ」とか、「でもなぁ〜」といった否定的な言葉を呟いてしまったら元も子もありません。もし、否定的な言葉を発してしまったときは、「決めのひと言」を言い直しましょう。

　脳にとっては、寝る前の最後の言葉が重要です。寝る前に否定的な言葉を発すると、あなたが寝ている間、ずっと潜在意識の中で「でもなぁ〜」という言葉がグルグルまわり続け、翌朝もマイナス脳でスタートすることになってしまいます。

point

寝る寸前に肯定的な言葉を発することで
潜在意識に肯定的なイメージを刷り込む

毎朝の「挨拶」で運を引き寄せる

朝の挨拶が幸運を引き寄せる

あなたは今朝、心を込めて「おはようございます」と、誰かに言葉をかけましたか?

挨拶は、相手に元気になってもらうためにするものであり、相手との関係性をつくるための心の扉のノックです。

とくに朝の「おはようございます」という挨拶は、その日の気分や感情を左右する大事な言動です。

「朝は不機嫌」は、あなたよりも周囲の人間に害を及ぼします。だから、**朝に「悪い言葉」や「マイナス言葉」を口にするのはやめましょう**。それよりも、相手の益となり、助けとなる言葉、プラスの思考を呼ぶ言葉や相手が喜ぶ言葉を発しましょう。

挨拶とは、相手を察してあげることでもあります。あなたの気づかいが相手の心に届くと、相手もあなたの心情を察してくれるようになります。

だから、朝はとにかく、片っ端から「おはようございます」のひと言をかけましょう。

幸運を引き寄せたいなら、まずは挨拶からです。朝に挨拶したり、ちょっとしたひと言をかけたりすることで、相手は励まされた気持ちになるものです。

不思議なことですが、ほんのわずかなひと言が、相手に力を与えることもあるのです。

第5章

「結果」を出す人の
思考術

結果を出す人は、「目標を達成するために何が必要か」を考えて行動しています。結果を出すためには「仕事を楽しむ」姿勢も重要です。仕事をしていれば、事故やトラブルはつきものです。そんなときにも冷静に対処できる「変化に強い自分」をつくり上げましょう。

結果を出すことが
できる人の共通点

やるべきことをやる

「できる人」たちの共通点

結果を出したり、成果を上げたりできる人たちには、ある共通点があります。

それは、「やるべきこと」を「やっている」ということです。これは、誰もがわかっていることなのに、ついつい抜け落ちてしまう部分でもあります。

「何のためにこれをやるのか」を常に意識し、自分自身をいかに成長させるかも考えながら、与えられた課題や仕事などあらゆる「こと」に挑み続ける。最終的には、そういう人が結果を出します。

そのためには、新入社員や若手と言われる人ばかりでなく、先輩も、中堅社員も、管理職も、社長であったとしても、会社の一員として、今あなたにまわりから、あるいは社会から期待されている「こと」をしっかりと感じ取り、理解する必要があります。

仕事の価値や意味を決めるのは自分

ノーベル平和賞を受賞したマーティン・ルーサー・キング牧師は、こう言いました。

「あなたが道路清掃人なら、最高の道路清掃人になりなさい。ミケランジェロが彫刻をするように、ベートーヴェンが作曲を

「何のために」を常に意識する

仕事で結果を出すためには「何のために私はこの仕事をするのか」を意識し続けることが大切です

今、自分が会社や上司、同僚から、あるいは社会から期待されていることとは?

するように、シェークスピアが戯曲を書くように、あなたの道路を清掃しなさい。あなたの死後すべての人たちから、自分の仕事を立派に成し遂げた道路清掃人がここにいたと言われるくらいに、見事に道路を清掃しなさい」

仕事の価値や意味は、その仕事そのものにあるのではありません。「誰が、どのようにそれを行うか」によって、仕事の価値や意味は決まります。

世の中に、つまらない仕事などありません。仕事をつまらなくする考え方があるだけです。そして、意味のない仕事もありません。意味のない仕事にしてしまう考え方があるだけです。

人生を楽しむためにも、どんな意味を持ち、どんな価値を創造する姿勢で仕事に挑むか、が重要なのです。

point

世の中につまらない仕事などない
誰がどのように行うかで仕事の価値が決まる

habit 44

目標達成のために何が必要かを考える

「結果」に対する使命感を持つ

「使命感」には2つのタイプがある

あなたは、どんな「使命感」を持って仕事に当たっていますか？ 使命感とは、自分に与えられたことに対して、成し遂げようとする気概や感覚のことです。

この使命感を、2つのタイプに分けて考えてみましょう。

1つ目は、「作業に対する使命感・責任感」です。「言われたことはやりました」「ちゃんと作業して片づけましたよ」といった動機や意識が、これに当たります。

2つ目は、「結果に対する使命感・責任感」です。「目標達成に向けて、こんな工夫をしてやり切りました」「今回のプロジェクトをとおして成長できたので、次につなげます」「チーム一丸となり達成しました」といった動機や意識が、これに当たります。

作業に対する使命感や責任感だけを重視していると、「これだけのことをやったのだから、もういいだろう」と、自分で勝手に満足してしまいます。しかし本来は後者の例のように、**結果が伴ってはじめて、使命や責任を全うできる**のです。

目標を達成するために何が必要か

使命感や責任感というものは、必ず人間関係の中で発生します。会社に対する帰属意識や上司に対する尊敬の念、家族に対

「使命感」の 2 つのタイプ

作業に対する使命感

これだけのことを
やったのだから
もういいだろう

結果に対する使命感

もっとよくする
ためにはどうすれば
いいのだろう

「結果が伴ってこそ使命や責任を全うできる」という考え方
が大切です。常に自分を振り返り、よりよくするために、よ
り強くなるために、何が必要かを考えて行動しましょう

する愛情や感情などがない状態では、人は無責任になり、能力
はみるみる低下していきます。

　一方で、「もっとよくするためには、どうすればいいだろう」
と意識していると、常に貪欲にものごとに取り組めるものです。

　いつも自分を振り返って、強くなるために、よりよくなるた
めに、何が必要かを考えて行動しましょう。

　つまり、**1 つ 1 つの行動に対して、「目標を達成するために
何が必要か」と考えて行動することが大切**なのです。

　みなさんも自分を振り返って、使命感を持って業務を遂行し
ていきましょう。

　優れた能力や個性は、何かを追求し、目標を達成した人だけ
しか手にすることはできません。

point

「作業」ではなく「結果」に対する使命感が大切
「目標を達成するために何が必要か」を考える

「直感」を大切にする習慣を身につけよう

自分の心が発する声に耳を傾ける

運のいい人は直感を大切にしている

よりよい仕事をするためには、夢や目標を持ちましょう。夢や目標がないとワクワクしませんし、幸福感を得ることもできません。そのような気持ちで仕事をしていても意味がないですし、継続も難しいです。

たとえば、**仕事上で「どちらにしよう？」と選択に迷ったときには、直感的に自分がワクワクして、「楽しくできそう」と感じるほうを選ぶことをおすすめします**。単純に、そのほうがやる気も出ます。

運のいい人は、直感を大切にしています。

もちろん、「ピン」ときたら即行動でもよいのですが、実は、運のいい人はその前に、少しだけ「本当にこの選択肢でいいのか？」と考えています。

誰しも、何か重要な選択をするときには「何かが違うような気がする」「本当にこれで大丈夫かな？」などと、心の中がモヤモヤとするものです。

運のいい人は、そうしたモヤモヤの原因がどこにあるのかをいったん考えてみるのです。いわば、自分の心が発している声に、耳を傾ける習慣があるということです。

科学的な根拠があるのかどうかはわかりませんが、直感は意外と当たります。

学び続けることで「直感」が研ぎ澄まされる

学ぶことなく「直感」だけでものごとを判断するのは危険

学ぶことで発想力が広がり、「直感」も研ぎ澄まされる

「モヤモヤ」を感じたら、一度立ち止まることも大切

「自分の心が発している声」に耳を傾ける習慣をつけましょう

きっと私たちは、潜在意識の中で真に求めている自己像があり、その自己像による「私はこうなりたい！」という叫びが、直感なのだと思います。

学び続けることで直感は研ぎ澄まされる

世の中には、「すべてのことをわかっている人」などいません。だから、あなたがどんな状態であったとしても、どんなに年老いたとしても、学び続ける必要があります。

自分が興味を持っているジャンルはもとより、発想力を広げるためには、ときには興味のないことも学んでみたほうがよいです。そして、どんな相手からも学びましょう。**常に学び続けることで、あなたの直感が研ぎ澄まされる**のです。

point

直感は「私はこうなりたい！ という心の叫び
心の声に耳を傾け、常に学び続けることが大切

habit 46 仕事は楽しいゲームと考える

仕事の中に楽しみを見つける

仕事は「しなければいけないこと」?

あなたは、何のために仕事をしていますか? こう聞かれたら、多くの人は「生活のため」や「お金のため」と答えるでしょう。もちろん、私もそのとおりだと思います。

しかし、目の前の仕事を生活のためだけに「しなければいけないこと」と解釈してしまうと、私たちは「イヤイヤ感情」となり、やる気も失って、創造性なんて発揮できなくなってしまいます。

しかし、目の前の仕事を「楽しいゲーム」と解釈すれば、私たちは「ワクワク感情」となり、工夫ができ、創造性も発揮され、やる気も出てくるはずです。

これは、どんな仕事でも同じです。

だから、今あなたが取り組んでいる仕事を「ゲーム」として考えてみましょう。

そう考えれば、「もうちょっと工夫してみよう」とか、「何かを変えて次に活かそう」といった発想が芽生えてくるはずです。

一生懸命やっていると楽しくなる

遊び心のない仕事は無意味です。それどころか、「やらされている」と感じながら嫌々、ただ何となく仕事をすることは、心身にダメージを与えます。

仕事は「楽しいゲーム」と考える

仕事は「しなければいけないこと」

脳が「イヤイヤ感情」になる

やる気や工夫、創造性が失われる

仕事は「楽しいゲーム」と考える

脳が「ワクワク感情」になる

やる気や工夫、創造性が芽生える

仕事をゲームと考え、一生懸命取り組むことで「楽しいこと」に変えてしまいましょう

たとえば、「仕事は疲れるもの」と考えている人がいますが、その仕事にいかに楽しく取り組むかは、個々のとらえ方や、考え方の差でしかありません。

「どう考えるか」だけで、気持ちも変わり、取り組む姿勢も変わるのです。

そのためにも、心身のバランスを整えることは大切です。そのうえで、仕事の中にも楽しみを見つけ、遊び心を入れてみましょう。

そして仕事に全身全霊で取り組み、仕事が終わったら全身全霊で遊びましょう。

楽しいから一生懸命やるのではなく、一生懸命やっていると楽しくなるのです。

point

仕事は「しないといけないこと」ではなく「楽しいゲーム」と解釈すれば楽しくなる

視野を広げ、視座を上げる

「誰にでもなる」視点で全体を見渡す

仕事や業務を「誰かの視点」で考えてみる

仕事を進めるうえでは、「誰にでもなる」という視点を持つ習慣も大切です。「誰にでもなる」とは、「視点を変えてみる」ということです。たとえば、**上司、社長、同僚、顧客など、老若男女問わず、あなたに関わりのある「誰か」になり切ってみて、目の前の課題やものごとを見たり考えたりする**のです。

自分の視点だけでなく、いろいろな人の視点で感じ、考え、想像することで、仕事や業務のこと、その価値や大切にしなければいけないことなどが見えてきます。

たとえば、上司の話でも「また言ってるよ」「いつも同じだ」と思いながら聞いているあなたと、同じ話を「何回も同じ話をする理由は何だろう?」という視点で聞くのでは、得られるものは異なります。

視野を広げるのも有効です。あなたの目の前のデスクやパソコン、受け持っている仕事のことだけでなく、自分が所属する部署全体や、自分が受け持つ仕事の前後を担当している人のことを意識的に見て、考えることで、仕事の全体像や、自分が相手にどう見えているかなどがわかってきます。

いろんな視座に立ってみる

自分が今、立っている場所からは目の前の人しか見えません。

視点を変える	視野を広げる	視座を上げる
どうすれば上司の指示を自分に吸収できるだろう？	自分の仕事だけでなくチーム全体を見渡してみよう	「自分の立場」ではなく「部長の立場」で考えてみよう

ものの見方は1つではありません。さまざまな角度から「自分の仕事」を見て、考えることを習慣づけましょう

しかし、2階にいる人が見たら、自分と目の前の人はもとより、その2人以外の人や光景も見えます。さらにその2人を、5階から見たら、あるいは10階から見たら、どんな光景が見えるでしょうか？　もちろん、2人を探して見ることもできますが、きっと、それ以外の光景も目に入るはずです。

　いわば「座標軸」のイメージで、いろんな視座に立ってみるのです。まずは「私自身」という座標、その次は「私たちの部署」、さらに「所属している会社」、そして「業界」や「社会」という座標に広げていくのです。

　あなたはふだん、どの座標に立って仕事を見ていますか？　チーム全員が、今の自分の座標軸を1つ上げてものごとを見て、考えて、行動することで、最強のチームができあがるはずです。

point

「視点を変えてみる」ことで課題を見つけ
「視座を上げる」ことで仕事の全体像を見る

会話の中に「数字」を入れる習慣をつける

期限や状況を「数字」で表す

「できる人」は曖昧な言葉を使わない

まわりから「できる人」と言われる人や、ものごとを達成や完遂できる人は、「いつかやります」「とにかくがんばります」といった曖昧な言葉は使いません。

その代わりに「すぐやります」「○○日までに□□をやります」などと、**いつまでに何をやるのかを具体的に言葉にします**。

とくに仕事においては、「いつまでにやるのか」という期限を設けることは重要です。

極端な言い方かもしれませんが、「絶対に妥協できない期限」が用意されているから、ものごとは進んでいくのです。

だから、あなたも無意識に「いつかやる」という言葉を繰り返している場合は、その言語習慣を排除して「○○までに□□をする」と、期限を用いて会話する習慣を身につけましょう。

会話に「数字」を入れて相手を安心させる

仕事とは、社内であれば上司や同僚、社外であれば取引先や顧客などとの「約束」の上に成り立つものです。そして、約束は、具体的なほうがより把握しやすくなるため、相手に安心感を与えることができます。

そのためには、期限以外にも、**会話の中に具体的な「数字を入れる」という方法が有効です**。

期限や状況を具体的に伝える

「いつまでにできるか」を聞かれた

なんとかします

15日に提出します

「仕事の進捗」を聞かれた

大丈夫です

8割方できています

部下から上司への返答や報告のときだけでなく、上司が部下に指示する際も「がんばれ」「なんとかして」といった曖昧な表現では相手に通じないのでご注意を

　たとえば、上司から「頼んでいた資料、どこまで進んでる？」と聞かれたときに、「問題ありません」「もう少しで提出できます」などと答えると、「問題ないって何が？」「もう少しっていつ？」と、具体的な状況がわからず相手はイライラしてしまいます。こうした場合は、「いつまでに提出できるか」という期限を伝えるほか、「9割方できています」などと数字を用いて状況を伝えることで相手を安心させることができます。

　また、単に「売上を増やそう」「もっと営業しよう」といった目標では、どこまでやればいいのか曖昧になってしまいますが、具体的に「売上を2倍に増やそう」「営業先への訪問を1.5倍に増やそう」と数字を用いて決めれば、目標が明確になるため行動しやすくなり、モチベーションもアップします。

point

**「いつまでに何をやるか」を具体的に伝え
さらに「具体的な数字」を入れて会話をする**

「悩む」のではなく
「考える」ことが大切

感情より理性を優先して考える

理性に従って「どうすべきか」を考える

私は若いころ、よく恩師から「悩まないで、考えろ」と言っていただきました。当時の私は、この言葉の意味がよくわからなかったのですが、最近やっと、この言葉のとおりにできるようになってきたと思います。

悩まないで考えるということは、泣いたりわめいたり、ため息をついて落ち込んだりといった具合に感情的になることなく、常に理性を保ち平然としていろ、ということです。

いちいち感情的になって、他の人への愚痴や文句を言うなんてことは、まったくムダな行為です。自分自身の脳の中をわざわざ悪いコンディションにしているだけだからです。

何か思いどおりにならないことがあっても、理性に従って黙々と静かに「どうすべきか」を考えましょう。

「変化に強い自分」をつくる

仕事というものは、真面目に挑めば挑むほど、さまざまな壁や逆境にぶつかります。当然、ショックを受けたり、怒りを覚えたりすることもあるでしょう。この「怒り」も、自分に対しての怒りや人に対しての怒り、環境や状況に対する怒りなどさまざまです。そんなとき、私たちは、その状況に対して脳の中で分析を開始します。

「感情的な人」と「理性的な人」の違い

感情的な人	理性的な人
トラブル発生	トラブル発生
▼	▼
拒絶して逃げ、環境や他人のせいにする	受け入れて冷静に対処法を考える
▼	▼
挑戦することをやめ自信を喪失してしまう	次に同じことが起きても対応できる
▼	▼
次に同じことが起きたときにも逃げる	新たな壁や逆境も同じパターンで乗り越える

どんな壁や逆境に直面しても冷静に受け止めて「チャンス」と考える（30ページ参照）ことで、脳はプラスの影響を受けて「がんばろう」という気持ちになります

逆境を乗り越えられない人は、この段階で、起きた事故やトラブルに対して拒絶してしまいます。人は1度拒絶してしまうと、また同じような状況になったときにも逃げてしまい、挑戦することもやめて、自信を喪失してしまいます。

では、壁や逆境などに直面したときには、どうすればいいのでしょうか？

その答えは、その状況を「受け入れる」です。そうすると脳は再編成され、新たに「がんばっていこう」という気持ちになり、同じような状況になっても再び挑戦できるようになります。

今、社会が必要としているのは、これからの急激な変化に対応できる能力です。だから、「今の状況に強いあなた」ではなく、「変化に強いあなた」をつくり上げましょう。

point

感情的になると脳に悪い影響を与えるだけ
常に理性に従って「どうすべきか」を考えよう

「志の有無」が
あなたの人生を決める
より多くの人に貢献できるほうを選ぶ

選択に迷ったときの判断基準を決めておく

「志は野心とは違います。志は世のため、人のためという思いであり、野心は私利私欲です。野心でなした事柄は一代ではかなく消えてしまいますが、志は必ずそれを受け継いでくれる同志が現れます」

これは SBI ホールディングス CEO・北尾吉孝氏の言葉です。

私たちは生まれてきて、人生を送り、すべての人に死のときが訪れる。この3点は、どんな人も同じです。

しかし、どのような志を持って生きたかで、違いが出るのだと思います。つまり、志の有無によって、あなたが死後、人々の心の中に生き続けるか否かが決まるのです。

そうであれば、**限られた時間をムダにすることなく、自分がまわりの人や社会に対して「何が提供できるか」を考え続けましょう。そして実行あるのみ**です。

「自分のため」より「みんなのため」

先ほど、選択に迷ったときには「ワクワクするほう」を選んだほうがいい（110 ページ参照）と書きましたが、もう1つ、おすすめの方法があります。

それは、**「より多くの人に貢献できるほうを選ぶ」**ことです。「面倒くさい」「手間がかかる」「合理的ではない」「こっちの

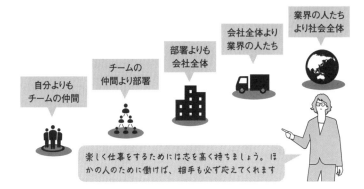

より多くの人に貢献できるほうを選ぶ

自分よりも
チームの仲間

チームの
仲間より部署

部署よりも
会社全体

会社全体より
業界の人たち

業界の人たち
より社会全体

楽しく仕事をするためには志を高く持ちましょう。ほかの人のために働けば、相手も必ず応えてくれます

ほうが大変」といった気分を先に持ってくるのではなく、自分よりも「チームの仲間たち」、チームの仲間たちよりも「所属部署」、所属部署より「会社全体」、会社全体より「業界全体」、業界全体より「社会全体」に、どれだけ貢献できるかを優先して判断するのです。

この判断基準で、大きく間違うことはまずないと思います。

私は仕事柄、数々の困難を乗り越えて事業を成功させてきた経営者の方々と出会ってきましたが、社会に対して価値ある活動をされている方々は共通して、この「より多くの人に貢献できる方法を選ぶ」という判断基準を持っています。

「自分のため」より「みんなのため」を優先する思考習慣が、あなた自身やあなたの仕事を成長させてくれるのです。

point

選択に迷ったときはワクワクするほうを選び
「自分のため」より「みんなのため」を優先する

結果を出す人とは「決めている人」のこと

「ゴール」を決める

何をもってゴールとするのか

結果を出す人、結果が出ている組織とは、「決めている」人であり組織です。

あなたやあなたのチーム、会社は、「何のために」「いつ」「どんな結果をつくり出すか」を決めていますか？　そして、そのためにどんな人材になるのか、あるいはどんな人材を育てるのかを決めていますか？

よく、「いい会社をつくりたい」とか、「人材を育成したい」といった話を聞きますが、そんな社長やリーダーに、私が次の質問をさせていただくと、固まってしまう人が多いです。

その質問とは、「人を育てる、いい会社をつくるということのゴールは何ですか？」というものです。

ゴールのないマラソンはつらいものです。いつまでに、どこまで、どんなふうに走ればいいかわからないのに、走り続けられる人はなかなかいません。

だから、**あなた自身も、チームとしても、会社としても、まずは「何をもってゴールとするのか」、そして「それは何のためなのか」を決める努力をしましょう**。

「決めているつもり」では誰も動かない

とはいえ、「ゴール」を決めるのは、なかなか難しいことだ

ゴールのないマラソンはつらい

ゴールがわからない

いつまでに、どこまで走ればいいのだろう…

明確なゴールがある

残り10kmだからあと50分くらい走ればゴールだ

人はゴールがあるからこそ、そこを目指して一生懸命走ることができます。ゴールがわからないと、今、自分がいる位置や何と競っているのかもわからず、なかなか「やる気」を出すことができません

と思います。また、目指す「ゴール」は状況やタイミングによって変わるものでもあります。

そのため、誰もが共感・共有できるゴールの設定ができない場合もあると思います。

しかし、「何をもってゴールとするのか」「それは何のためなのか」を考えてみることで、「仕事をしている意味」や「生きている意味」を見いだすことができるかもしれません。

そして、ゴール設定をとおして、あなたがあなた自身を、どう動かしているかという点も考えてみてください。

「決めているつもり」では誰も動きません。そして、この「誰も」にはあなた自身も含まれます。個人も組織も、明確な「ゴール」なくして今より幸せになることは難しいでしょう。

point

ゴールがわからないまま走り続けるのはつらい
明確なゴールを決めることで自分も人も動く

成功への近道は「失敗」を繰り返すこと

「失敗もよいチャンス」ととらえる

「失敗」をどうとらえるか

第2章で、シリコンバレーでよく使われる言葉として「早く何度も失敗せよ」という言葉を紹介しましたが、ほかにも「失敗はイノベーションのプロセス」「失敗こそシリコンバレーの強みの源泉」「失敗を財産だと見られるかどうかが、起業家が生まれる土壌の目安になる」といった言葉もあるそうです。

「やりたいと思う→挑戦→失敗もする」ということが当たり前で、「失敗もよいチャンス」ととらえる環境の中で育った人の未来は、絶えず可能性で満ちあふれているはずです。

一方、失敗自体を悪ととらえ、社会的に受け入れられないという環境にいる場合は、残念ながら「起業家精神」は育たず、「イノベーション」も難しいでしょう。

あなたは、どちらの環境にいるでしょうか? そして、管理職や経営者である場合は、スタッフにどちらの環境を与えていますか?

「失敗」を活かせるかどうかは自分次第

日本には「恥」という文化があるためか、今まで私たちは、失敗を「恥」と見る傾向があったと感じます。

しかし、変化の激しいこれからの時代は、私たちも「早く何度も失敗せよ」を、キャッチフレーズのように使っていく必要

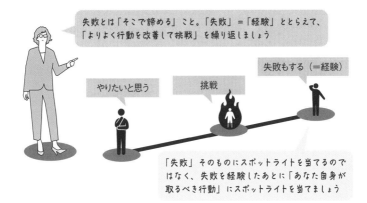

「失敗」=「経験」

失敗とは「そこで諦める」こと。「失敗」=「経験」ととらえて、「よりよく行動を改善して挑戦」を繰り返しましょう

失敗もする（=経験）

やりたいと思う　　挑戦

「失敗」そのものにスポットライトを当てるのではなく、失敗を経験したあとに「あなた自身が取るべき行動」にスポットライトを当てましょう

があるのではないでしょうか。

　自慢できることではありませんが、私自身も数多くの失敗をしてきました。私の失敗話で講演したら、24時間あっても足りないくらいです。そうした失敗の数々も、今思えばよき思い出ですし、よきネタでもあり、何よりもよき学習材料の数々だったと思います（その時は、なかなかそうは思えない状況もありましたが）。しかし、**そうした状況や経験をどうとらえて、どう次に活かすかは自分次第**なのです。

　事実は1つ、とらえ方は100万とおりです。

　ものごとをとらえる習慣、つまり日々の、瞬間瞬間の受信習慣が、その次の未来の自分の言動をつくり出しているのです。

point

「失敗」を恐れると人は挑戦しなくなる
失敗をどうとらえ、どう次に活かすかは自分次第

habit 53

デスクを整理して ノイズを減らす

できる人は「捨て方」がうまい

「捨てる基準」を明確にする

「仕事ができる人」や「仕事が早い人」に共通する特徴は、整理整頓がうまい、というよりも、そもそも「所有物が少ない」という点です。

おそらく、そういう人は効果的に所有するものを減らすことができるだけでなく、自分の基準でものを捨てられるのだと思います。

その基準が明確だから、最初から取っておかないし、溜めたり所有したりしないのでしょう。

私も昔は、「きっと何かの役に立つ」「次に同じような案件が来たら役立つかもしれないから、捨てるのはもったいない」などと考えて、なかなか捨てられない人でした。

現代は、ものがあふれている一方で、環境や状況がものすごいスピードで変化している時代でもあります。技術革新のスピードが加速しており、ノイズも増大しています。

こんな時代に何でもかんでも取っておいても、それを後から役立てる機会など滅多にありません。

何でもかんでも溜めない

あなたのデスクまわりはどうですか？「すぐに動ける！」という環境でしょうか？

「仕事ができる人」は整理整頓がうまい

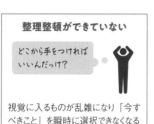

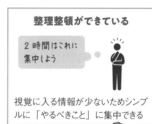

整理整頓ができていない

どこから手をつければ
いいんだっけ?

視覚に入るものが乱雑になり「今すべきこと」を瞬時に選択できなくなる

整理整頓ができている

2時間はこれに
集中しよう

視覚に入る情報が少ないためシンプルに「やるべきこと」に集中できる

整理整頓の習慣は「今、自分には何が必要なのか」を判断する能力を磨くためにもうってつけです

　ものが多すぎると、なかなかすぐには仕事に手がつけられなくなってしまいます。**視覚に入るものが乱雑だと、今すべきことを瞬時に選択できなくなってしまう**からです。

　ものがたくさんあると、すべての視覚情報が脳に入ってくるわけですから、シンプルにやるべきことに集中できないのは当たり前です。だから、まずは今以上に「何でもかんでも溜めないこと」を心がけましょう。

　「取っておけば得するかも」という欲求を手放して、デスクまわりのものを極力減らし、書棚も整理する習慣をつくりましょう。そうすれば、あなたのビジネスでの成果や結果も変わってくるはずです。

point

「できる人」は整理整頓がうまく所有物が少ない
デスク整理を習慣づけると仕事の効率が上がる

仕事に「信念」を持って取り組む

「仕事への思い」を意識する

やりがいは自分でつくり出すもの

あなたは、どんな思いで毎日の仕事に励んでいますか? そもそもあなたは、「仕事に信念を持って取り組んでいる」と言い切れますか?

まずは「自分の仕事に対する信念とは何だろう?」と考えて、明確にしてみましょう。自分は仕事をとおして何か実現したいことはないのか、仕事をとおして「このようにしたい」という思いがあるのかを考えてみてください。

この問いに、「これが正解」という答えはありません。今あなたの頭の中に浮かんだことでよいのです。たとえば「仕事の質を上げたい」「職場や周囲の人とのコミュニケーションを大切にしたい」といった、今、あなたがもっとも叶えたいことでよいのです。そして、**何気なく仕事をするのではなく、「仕事をするうえでの信念」を意識して仕事に励んでください**。

やりがいは自分自身でつくり出すものです。

脳が「快」の状態になる条件

本書の冒頭でご紹介した西田文郎先生は、苦労や努力を楽しむ力のことを「苦楽力」と名づけており、「苦労や努力を楽しむのには、ちょっとしたコツがあります。なぜ成功者たちが苦しいことができるかというと、明確な目標や目的があるからで

「本気」とは何か

「本気」とは「自分と決めた約束」を守ること。まわりの人が「本気」を感じ取ったとき、あなたに「運」や「ツキ」を運んできてくれます

❶自分で決める

やる！

❷やり続ける

とことんやる！

❸やっていると
楽しくなってくる

ワクワク

❹まわりの人が
放っておかない

手伝います！

す。自分を信じる力があると脳が「快」の状態になる。だからこそ、苦しいことが楽しめるし、成長につながります」と書いています。

いくら自分で「本気でやっています」と言ったところで、まわりがそう感じなければまだまだです。

①自分で決める、②やり続ける、③やっていると楽しくなってくる、④まわりがあなたを放っておかない。

この③の状態までくれば、自然とまわりの人たちが、「私に何かできることはないですか？」「何か手伝いましょうか？」と、あなたに関わってくれるようになります。

この状態になったときが、あなたが「本気でやっていること」がまわりに伝わっている証となるのです。

point

**報われるのは自分を信じ努力する人だけ
「本気」になると自然とまわりの人が集まる**

「事実と向き合う」習慣を持とう

いろんな情報があっても「事実は1つだけ」

私のモットーは「何でもかんでも信じるな」「何でもかんでも疑うな」です。

そのために、できる限り自分自身で見て、聞いて、触れて、感じて確かめることを実践しています。

世の中は情報であふれています。しかし、その情報はときに一方的なものとなっていることがあります。たとえば、発信者の都合で、情報の内容にも伝え方にも色がつけられている場合があるのです。というよりも、基本的に**あらゆる情報は「着色されている」**と考えたほうがよいでしょう。

だから、鵜呑みにしないことが大切です。

ましてや、**自分自身に都合のよい情報だけを選ぶような人間になってはいけません**。

いろんな情報があったとしても、「事実は1つだけ」です。だから、あなた自身のすべてを使って情報と向き合いましょう。

事実を知るために出向くのもよし、ほかの方法を使って聞くのもよし、いろいろな人の意見に耳を傾けるのもいいでしょう。

自分にとって「痛い」情報だったとしても、事実と向き合う習慣を持ちましょう。そして、常に誠実に生きることを意識しましょう。自分で感じて、自分で確かめる。そして、自分で感じたことを信じればいいのです。

第6章

「人間関係」が
人生を変える

人の考え方や行動は、もっとも時間をともにする5人の平均になると言われています。だとすれば、誰とつき合うかによって、自分の考え方や行動が変わり、人生も変わることになります。つまり、人生を変えたければ「自分より優秀な人」とつき合う必要があるのです。

habit 55
自分をポジティブに してくれる人とつき合う
人生は「誰とつき合うか」で決まる

自分より優秀な人とつき合う

よく、「人生は出会いで変わる」という言葉を聞きますが、実際のところ「出会っただけ」では何も変わりません。

ただ「出会う」だけでなく、「誰と出会い、何を一緒にし、どんな恩返しをしたか」で、あなたの値打ちが決まるのです。

そして、**あなたの「値打ちを上げる」には、あなたより優秀な人とつき合う必要があります**。

たとえば、仕事で成長したいのなら、あなたが「その仕事ぶり」に憧れる人とつき合うべきです。その人のビジネスのマインドセットにあなたの価値観を合わせるのです。あなたが今より自由な時間を謳歌し、人生の豊かさを手に入れたいのなら、あなたが感じる「そのモデルになる人」とつき合って、その人の人生観に自分の価値観を合わせてみて、同じような行動を取る必要があります。

人は常にまわりの人から影響を受けている

「ネガティブな人」とのつき合いは極力避けるべきです。マイナスの感情や負のエネルギーは、多くの人を簡単に巻き込んでしまうからです。何ごとにも否定的で、失敗続きのツキのない不幸な人たちが、結果としてあなたにもたらす悪影響は計り知れません。冷たい言い方に聞こえるかもしれませんが、これは

「誰の生き方に影響されたか」が重要

自分が「こうありたい」と思う人がいたら、その人の人生観に自分の価値観を合わせて、その人と同じ行動を取ってみましょう

❶いつ、誰に出会ったか

❷その相手の生き方に感動し、その相手と何をしたか

❸その相手との交流で何を感じ、何を学んだか

❹その相手に何かお返しをする努力をしたか

事実です。人には優しくすべきですし、助け合うことも必要です。しかし、自分に力もツキも備わっていないのに、人助けなんてできません。

だから、自分よりも人生観全体が賢い人、自分の意識を高めてくれる人とつき合う必要があるのです。

どれだけ自分自身が「しっかりしている」と思っていても、私たちは常にまわりの人から影響を受けています。

前向きに生きている人たちは、常にプラス思考でやる気に満ちた人たちとつき合っています。ということは、あなた自身がまず「そういう人」であるということも大切なポイントです。

結局、人は自分と同じエネルギーを出している人とつき合っているのです。

point

**成長するには自分より優秀な人とつき合うべき
ネガティブな人とのつき合いは極力避けよう**

habit 56 人は「環境」によって つくられる

自分が「どういう人間であるか」が重要

「誰に出会うか」は自分で選べる

人は、自分の行動をふだんからともに過ごす人の考え方に順応させようとします。これを「順応の法則」といいます。

私は、この「順応の法則」は当たっていると思います。

ちなみに、**人の考え方や行動は「もっとも時間をともにする5人の平均になる」とも言われています**。

だから、もしあなたが「もっと成長したい」と望むのであれば、まずは自ら「まねてモデリングする人」を探し出し、その人と積極的に交流すべきです。

つまり、「環境で人はつくられる」ということです。そして、環境とは人間関係のことです。

そして環境をつくり出すのは、まぎれもなく私たち自身です。「誰に出会うか」は、自分である程度選べます。あなたが出会う相手は、自分で決めているのです。

すべての人は「出会った人」の影響を受ける

よく「人を変えることはできない」と言いますが、これは一面では真実であり、一面では真実ではありません。

人はみんな、過去に出会ったすべての人から影響を受けています。「その人」が出会った人すべてが、その人の歴史であり、人生なのです。

つまり、**自分が「その人」に影響を与えるということは、過去に出会ったすべての人たちより影響力を持たなければいけない**ということです。

だから、あなたが「人は変わらないよ」と思っているのであれば、それは、あなたの影響力がまだ少ないということです。

しかし、あなたの影響力が大きくなってくると、「その人」も変わる確率が上がります。

出会ったすべての人が必ず「変わる」とは言い切れませんが、すべての人が、出会った人の影響を受けることは確かです。そして、人は徐々に変わっていきます。

だから、あなたが「どういう人間であるか」「どういう生き方をしているか」ということが、実は重要なのです。

point

人の考え方や行動は人間関係によってつくられる
人が変わらないのは自分の影響力が小さいから

habit 57 つき合っては いけない人の特徴

「諦めた人たち」が発する雑音は無視する

優れた人ほど多くの失敗をしている

間違いや失敗をしたことのない人を信用してはいけません。そういう人たちは、今までの自分の経験や思い込みの中だけで生きている人で、無難なことや安全なこと、つまらないことにしか手をつけようとしない人だからです。

だから、失敗したことのない人の「今まではこうだった」なんて言葉は、何の役にも立たないので無視しましょう。

優れた人ほど、多くの間違いや失敗を経験しています。なぜなら、優れた人ほど、新しいことにチャレンジするからです。

逆境を経験してきた人は、順調に生きてきた人が見たことのない景色を見てきています。そのときに得た経験や知識が、その後の人生につながっていくのです。それだけではありません。その経験や体験があるからこそ、まわりの人を救ったり、勇気を与えたり、導いたりできるのです。

自分ができない人が「無理」と言う

発明家のトーマス・エジソンの有名な言葉に、「私は失敗したことがない。ただ、1万とおりのうまくいかない方法を見つけただけだ」というものがあります。

エジソンは、さまざまな可能性を「否定しない」ことで、新しいものを生み出してきたのです。

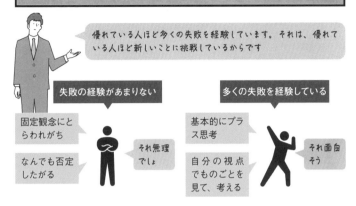

「失敗したことのない人」を信用してはいけない

優れている人ほど多くの失敗を経験しています。それは、優れている人ほど新しいことに挑戦しているからです

失敗の経験があまりない

固定観念にとらわれがち

なんでも否定したがる

それ無理でしょ

多くの失敗を経験している

基本的にプラス思考

自分の視点でものごとを見て、考える

それ面白そう

「あなたには無理だ」と否定から入る先輩や上司は、その人自身が「できない」だけです。

**　夢を持っていない人や、人生を諦めている人は、何でも否定から入ります**。

そして残念なことに、世の中にはこういう大人が多いので、みんな「そういうものだ」と思い込まされているのです。

あなたは大丈夫です。だから、そんな「諦めた人たち」が発する雑音は無視してください。

目的や目標をしっかりと見据えることで、脳が勝手に「できる」と解釈してくれます。

そうすると、否定ばかりしたがる人たちの雑音に振り回されることはなくなります。

point

優れた人ほど多くの失敗を経験している
否定ばかりする人の言うことは気にしない

habit 58

まわりの人たちは
自分の鏡
相手が変わらないのは自分のせい

出会いは必然、別れは選択

　人間関係は、なかなか思いどおりにいかないものです。しかし、実のところ私は、「出会いは必然」、そして「別れは選択」と考えています。

　まわりに起きるすべてのできごとは自分が源であり、この「必然」と「選択」が自分の思いと異なる結果になったのであれば、そうならないよう自分が成長するしかありません。

　人間関係の肝となるのは「覚悟」です。**覚悟とは、「その人の中にある可能性を信じてつき合う」「その人と一生つき合うという覚悟を持った人とつき合う」ということ**です。

　確かに、もっと効率のよい人とのつき合い方があることも事実です。しかし、本当に意味のある人間関係を築きたいのであれば、やはり「覚悟」が大切です。

　「人間関係って、そんなに難しくないのでは？」と思う人もいるかもしれませんが、その人とどう接するか、どうつき合うかという「他人との関係」の中で、自分自身が問われてしまうのです。

まわりを変えるよりも自分が変わる

　あなたのまわりにいる人たちは、全員が自分の鏡です。相手の言動は、自分の言動の反映です。まわりが助けてくれないの

まわりの人たちは自分の鏡と心得る

相手の言動には、その人に対する
自分の言動が反映される

助けてくれ
ませんか

ちょっと今
忙しいので…

相手が助けてくれないの
は、自分が助けてこな
かったから。まわりの人
に変わってほしいのであ
れば、自分自身が変わ
るしかありません

は、あなたがまわりを助けてこなかったからです。

　仕事も一緒です。怒らないとやってくれないのは、ずっと怒っ
てやらせてきたからであり、部下が信頼してくれないのは、あ
なたが部下を信頼してこなかったからです。

　ということは、**自分に返ってくるものを変えるには、自分が
相手に与えるものを変えればよい**ということです。

　他人に変わってほしければ、あなた自身が変わりましょう。
そしてよい人を育てたければ、あなたが成長する姿を見せるし
かありません。

　出会いが選択だとしたら、あなたが出会った相手の人生に
とって、あなたとの出会いが人生最大のギフトとなるような人
間関係を築く覚悟で、自分が成長するしかありません。

point

相手の言動は自分の言動の反映
人を育てたければ自分が成長するしかない

habit 59

「その人」そのものは ジャッジしない

「ジャッジした感情」で人を見ない

その人自身に評価を下さない

よい人間関係はもとより、よいチームをつくるうえで大切なのが、「その人そのものをジャッジしない」 ことです。

もちろん、その人が「やったこと」や「やらなかったこと」、「現れた結果」などに対しては、ジャッジする必要があるかもしれませんが、いちいち「その人そのもの」をジャッジする必要はありません。

たとえば、チーム内で1つ1つのできごとや結果に各自が勝手に意味づけをしてしまうと、その意味づけにもとづいて感情が湧いてきてしまいます。その湧いてきた感情で各々が行動すると、おのずとチームの和は乱れ、共有すべき目的も曖昧になります。そうなると、チーム全員が同じ方向を向いて仕事をすることができなくなってしまいます。

だから、常に「いちいちその人自身に評価を下さない」ことを意識することが大切なのです。

「ジャッジしない」ことを意識してみる

とはいえ、「人間は感情の生き物」と言われるとおり、意識するだけで自分をコントロールできるのであれば、誰も苦労はしません。

そこで、どうしても相手をジャッジしたくなったら、あなた

「行動」と「結果」のみで判断する

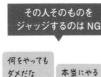

その人そのものを
ジャッジするのは NG

ジャッジしていいのは
「やったこと」「やらなかっ
たこと」「現れた結果」

人そのものを「よし悪し」
で判断するのではなく、
「結果」を判断すること
を意識し
ましょう

何をやっても
ダメだな

本当にやる
気ある?

次回からこうしたほう
がいいのでは?

のその判断をいったん保留して、横に置いておきましょう。

　もしあなたがチームリーダーであれば、この意識を持って、習慣化するだけで、チームは激変します。

　なぜなら、**あなたが「ジャッジした感情」で部下を見なくなるだけで、あなたの部下に対する言動が変わってくる**からです。すると、部下からの反応も必ず変わります。

　確かに、完璧に感情を抑制するのは至難の業です。正直なところ、私もなかなか完璧とはいきません。しかし、最初から完璧にできなくても、意識してみるだけで必ず変化は起こります。

　いちいちジャッジしないこと。そして、いちいちその人自身を評価しないこと。これを意識することを習慣化するだけで、あなただけでなく、チームも成長するのです。

point

「その人」そのものをジャッジしてはいけない、
ということを意識するだけでもチームは変わる

habit 60

「好き・嫌い」で
人間関係を考えない

「好き・嫌い」の感情が成長を止める

人との出会いから「自分の成長」を導き出す

他者に対する「好き・嫌い」の感情は、自分自身の成長を止めるだけでなく、まわりへ悪影響を及ぼす要因になります。

いつまでも**「好き・嫌い」で人間関係を考えていると、自分自身の感性がどんどん鈍っていき、幅広い視野や、柔軟な感性や思考といったものを養えなくなる**からです。

世の中には、いろいろな人がいます。しかし、そうした人々との出会いから「自分の成長」を導き出すためには、「嫌い」だろうが、「苦手」だろうが、「性格が合わない」だろうが、その人と自分との違いを発見する努力をしなくてはなりません。

どんな人との出会いも、自分と異なった人生観を知り、学ぶチャンスと考えれば、ありがたいものです。そういう姿勢で相手と関わっていれば、相手のよさも見えてきます。

そうした感性や思考ができるようになれば、そのことが「あなたが成長した」ことの証拠となります。

「嫌なやつ」を受け止めてみる

人間ですから、どうしても「嫌だな」と感じる人がいるのは仕方のないことです。私たちはそれぞれ、育った環境や、人との出会いや経験などが異なるため、当然、考え方や価値観、願望や目標、生き甲斐なども違ってきます。

どんな人との出会いも学びのチャンス

この人はそういう
考え方をするのか

こういう人もいるんだ。
勉強になった

そう感じる人も
いるんだ

意見は正反対だけど
そう思った理由を
聞いておこう

人間ですから「嫌なやつ」と感じてしまう人がいるのは
仕方ありません。そんなときは、その人を反面教師にし
て自分の人間性を向上させましょう

　親切にしてくれる人、言うことが伝わる人、気が合う人など
がいる一方で、意地悪をする人、否定をする人、虫の好かない
人などもいるでしょう。

　しかし、もし、自分にとって好ましくない人と出会ったとし
ても、単純に「嫌なやつ」「腹が立つやつ」と否定するのではなく、
まずは、思い切って受け止めてみましょう。

　なぜなら、「嫌なやつ」がいるからこそ、好きな人や大切に
したい人、尊敬する人、愛する人ができるからです。それなの
に、多くの人が「嫌なやつ」のありがたさに気づいていません。
「嫌なやつ」は反面教師です。そういう人を見て、「これくら
いでイライラするな」「もっと強くなれ」と、相手の愚かさや
欠点を知り、自分の人間性を向上させましょう。

point

どんな人との出会いも自分を成長させる
「嫌なやつ」を見て自分を磨くのも１つの方法

謝れる人には チャンスが訪れる
自分の間違いを認め、謝る

「かっこいい大人」とは謝れる人

「かっこいい大人」とは、謝れる人のことです。

夢に向かってチャレンジしていれば、「それは失敗だね」と評価されてしまうときもあります。

よかれと思って一生懸命に仕事をしても、どれだけ完璧にやろうとしても、うまくいかないときはあります。

たとえ全力を尽くしたとしても、誰かに迷惑をかけたり、ときには、人を傷つけてしまったりすることもあります。

そんなときは「申し訳ございません」と、きちんと謝罪できる「かっこいい大人」になりましょう。

人は一度ごまかしてしまうと、次もごまかしてしまいます。その場を乗り切る、いい加減な方法を覚えてしまうからです。そして、一度嘘をつくと、次も嘘をつかないと辻褄が合わなくなってしまいます。

だから、他人のせいにして「私は悪くありません」などと言うような「かっこ悪い大人」は、ますます謝ることができなくなってしまいます。

「謝れない人」は同じ失敗を繰り返す

自分の間違いを認め、謝ることができる「かっこいい大人」だからこそ、失敗したとしても、また次のチャンスが訪れます。

「謝れない大人」は嘘をつき続ける

❶自分の非を認めようとせず、嘘を
つく

私のせいで
はありません

❷一度嘘をつくと、次からも嘘をつ
かないと辻褄が合わなくなる

そんなはずは
ありません

❸自分の非を認め改善することがで
きないので、次も同じ過ちを繰り返す

私は悪くあり
ません

❹過ちを繰り返しても改善しようとし
ないので、まわりの人の信用を失う

……

自分の失敗を認めてプロセスを分析し、改善できるから、次の
チャンスに活かすことができるのです。

　一方、自分の失敗を認めず、謝罪もできずにごまかしていて
は、万が一、次にチャンスが訪れたとしても、また同じことを
繰り返すだけです。

　人間は万能の「神」でも「仏」でもないので、他人を完全に
理解することはできません。よかれと思ってやったことでも、
ほかの人にとって迷惑になってしまうこともあります。

　しかし、大切なことは「悪気がなかった」ということではな
く、「迷惑した相手がいる」という事実です。

　だから、ちゃんと「謝れる人」になりましょう。私たちは、
そういう繰り返しの中で、何かに許されて生きているのです。

point

**自分の間違いを認めて謝ることができれば
失敗したとしてもまた次のチャンスが訪れる**

habit 62

「ひと手間」の習慣が
運気を引き寄せる

チャンスや幸運は人が運んできてくれる

自分1人の力でできることは限られている

仕事をするうえでは、自分1人の力で成し遂げられることは限られています。そして仕事の規模が大きくなれば大きくなるほど、必ず誰かの力が必要になります。

仕事の成果とは、たくさんの人との関わりの中で生まれるものなのです。

だから、積極的に人と会い、たくさんの知り合いを持っている人ほど、チャンスや幸運に出会う確率も高くなっていきます。つまり、チャンスや幸運の多くは、人が運んできてくれるものなのです。

あなたの知人でも有名人でもいいので、「運がいい」ように見える人を思い出してみてください。そういう人たちは必ず、知り合いになった人たちとの関係を大切にし、それを維持する努力をしています。

「出会えたこと」へのお礼を伝える

世の中には、偶然の出会いがきっかけで成功したという例はたくさんあります。だから、**人とのつながりを活かしたいと思うのなら、今日からもう「ひと手間」かける習慣を意識してみましょう**。たとえば、誰かに出会ったら、すぐにメールを出して、出会えたことに対するお礼を伝えましょう。ハガキを書い

出会った人にメールを送る

本日は誠にありがとう
ございました

出会った人にハガキを送る

貴社の取り組みに
大変感銘を受けました

「運」は人が運んできてくれるもの。だから、出会った人たちとの関係を大切にし、それを維持する努力をすることで、あなたの運が上向きます

て送ってもいいでしょう。もちろん、営業や売り込みのメールやハガキを書くという意味ではなく、あくまでも「出会えたことへのお礼」を伝えるのです。

　出会いとは奇跡的なものです。考えてみてください。2023年現在、地球の人口は約80億人ですが、毎日3人の新しい人と出会ったとしても、1年で1,095人の人としか出会えません。これを20〜70歳まで50年間続けたとしても、5万4,750人（地球人口の約0.0007％）としか出会えないのです。

　それでも、出会う人がいる。そう考えたら、出会いに感謝して、大切にしたいと思いませんか？

　メールやハガキでなくても構いません。あなたも不精しないで、出会った人にちょっと「ひと手間」をかけてみましょう。

point

**仕事の成果は多くの人との共働から生まれる
「ひと手間」の習慣が人とのつながりをつくる**

habit 63

まずは「相手の話」を 聞く習慣を持とう

相手の関心事に照準を合わせる

会話がうまくなるコツは意外と簡単

仕事においても日常生活においても、「会話」はコミュニケーションの基本です。それだけに、「初対面の人との会話が苦手」という悩みを持つ人は多いです。

とくに営業職の人にとっては、会話は仕事の根幹とも言えるものです。

会話がうまくなるコツは、意外と単純で簡単です。

それは、「相手の話を聞く」ことです。

人と話をするときは、その相手のことを話題にすると、こちらの話を聞いてくれるようになります。

会話の基本は、「相手の関心事」にスポットライトを当てることです。

そして、そこを土台にしたうえで、自分の提案や言いたいことを発してみる。この手順を踏むことで、「相手が何も話してくれない」といった悩みは解決できることが多いです。

相手の話に興味を持って聞く

と、書きましたが、私も若いときは「相手にどう理解してもらおうか？」「どう話したらいいか？」などと、とにかく自分のことで頭が一杯で、うまく話すことができませんでした。

当時は、私自身にまったくゆとりがなかったため「相手の話

本当に頭がキレる人の話し方

❶会議などでの自己主張はほどほどに抑えて、相手に多く語らせる

❷相手の意見が間違っていたとしても、いったんは「そういう考え方がある」ということを認める

❸話を聞いて十分に相手の気分をよくしたあとで、最終的に自分の考えた結論を述べる

知識が勝って、ものごとを分析しすぎたり、解説しすぎたりすると、聞く側は「鼻持ちならない」という気持ちになります

この手順を踏むことで、自ずとあなたの意見が総論となります

を受け入れる」とか「相手を理解しようとする」といったことまで意識が及ばず、会話を続けるだけで四苦八苦していました。

ところが、いろいろと失敗しながら経験を積み、相手の関心事に照準を合わせられるようになると、「ところで、吉井さんの仕事って、何を扱っているんですか？」などと聞いてくれるようになりました。

まずは私が、先に相手を受け入れることで、自動的に相手が私を受け入れてくれるようになったのです。

そうなるまでには、**「相手の話に興味を持って聞く習慣」を、日々意識して続ける**しかありません。

自分のペースで話を進めたいのであれば、まずは「相手の関心事に照準を合わせる」という意識を持ちましょう。

point

**会話の上達のコツは「相手の話を聞く」こと
相手の話に興味を持って聞く習慣を意識しよう**

habit 64

「元気が出ない」ときの対処法

元気を出すための方法

「元気がない」ときは「元気な人と話す」

私はよく、「元気がないときに、どうすれば元気になれますか」という質問を受けます。

実際に私がいつも元気かどうかは、ほかの人と比べてどうなのかを客観的に比較するのは難しいので定かではありませんが、「いつも明るく」ということは意識しています。

そして、元気を出すための具体策なのですが、私がおすすめするのは**「元気がないときは、元気な人に会いに行って、元気な人と話す」**です。

自分ひとりで解決できるのならそれに越したことはありませんが、「しゃべってスッキリする」こともありますから、ときにはほかの人の力を借りて、元気になったり、悩みを解決したりしてもいいと思います。

ただし、相手に頼るときは「変なことを言われたらどうしよう」などと身構えたり、「勘違いしたアドバイスをされてかえって落ち込むかも」などと先回りして悩んだりせず、素直な気持ちで話して、相手の意見も素直に聞くようにしましょう。

そして、**その人から少し元気をもらえたら、元気のない人を元気づけてあげましょう。**

実は、この「自分より元気のない人を元気づける」という方法は、何よりの復活方法です。

元気がないときの対処法

元気な人に会いに行き話を聞いてもらう

こんなことがあったんです…

自分より元気がない人を元気づける

そんなことがあったんですね…

自分1人の力では悩みを解決できないときは、人の力を借りましょう。ほんのちょっとのひと言が、不思議に大きな力を持つのです

「真っ白な自分」に戻る時間も必要

よい人間関係を保ちたいのなら、自分とのつき合い方も疎かにしてはいけません。

あなた自身が、ひとりの時間を確保できていますか?

ひとりの時間を大切にするから、ほかの人とも存分に関わることができるのです。

いろいろな個性を持った人たちに、素直な「素の自分」で向き合うことができるよう、たまには「ひとりぼっち」の時間もつくりましょう。

良好な人づき合いをするためには、そうして「真っ白な自分」に戻る時間も必要です。

> **point**
>
> 元気がないときは、元気な人に会いに行く
> よい人間関係を保つにはひとりの時間も大切

habit 65 人は「感謝」なくして 幸せにはなれない

感謝は行動からはじまる

「感謝を伝える」習慣を持つ

仕事をしていれば、毎日いろいろなことが起こります。仕事上のトラブルもあれば、日々の人間関係がわずらわしくなることもあると思います。

人生という劇は、絶えず私たちの「能力」や「強さ」、そしてもっとも大切な「忍耐力」を試してきます。

自分のものごとに対する「姿勢」「集中力」「感謝の大きさ」は、自分の中に感じる「幸福度」と直接連動しています。

だから、**「感謝」なくして、幸せにはなれません**。

あなたは、会社内や家庭で、感謝を伝え合っていますか？「ありがたい」と心では思っていても、言葉に出していない人も多いのではないでしょうか？

上司と部下でも、あるいは同僚間でも、行動する度に注意されたり叱られたり、またあるときは行動をほめられたり、そうした関わりでしか関係が築けていないと、そのうち、注意されたり叱られたり、ほめられるかしないと行動しなくなってしまいます。もちろん、**「ほめて育てる」のも大切ですが、それ以上にもっと重要なのは、「感謝を伝える」こと**です。

「当たり前」を「感謝」に書き換える

私たちは、ついつい何ごとも「当たり前」という感覚になり

「感謝」と「幸福度」は連動している

おいしい料理　子どもの笑顔

街がきれい

電車が定刻に来た　車のエンジンがかかった

何に対して感謝の心を持とうが自分次第です。幸せというものは、機会、きっかけ、チャンス、他者との関係、今日1日の経験、挑戦など、すべてに対する純粋な感謝から生まれるものと考えましょう

ありがとう

がちです。

　そこで、今日1日で起きたことへの感謝について、夜、寝る前の5分間だけでも考えてみてください。日記やスマホのメモアプリなどに、感謝の気持ちを書き込んでもいいでしょう。

　どのような方法にしろ、「感謝は行動からはじまる」のです。

　感謝の心を持つには、意識的な努力が必要です。ほかのスキルと同様に、日々の習慣になるにつれて「感謝の気持ち」は少しずつ強化され、努力なしでもできるようになります。

　こうして、**あなたの「当たり前」を「感謝」に書き換えていくことで、ものごとが変わって見えてくるようになります。**

　まずは今日、寝る前に、自分が感謝できる5つのことを挙げてみましょう。

point

「感謝は行動からはじまる」と心得る
感謝の心を持つには意識的な努力が必要

habit 66

「感じのいい人」になる秘訣は"笑顔"と"握手"

無意識のうちに笑顔になる習慣

人は「無意識の習慣」をしっかり見ている

いくら表情や言葉を取りつくろっても、その裏に違う「もう1人の本音の自分」がいる限り、その笑顔はあくまでも「意識的な行動」に留まります。

しかも、他人は本人が「意識してやっている」ことよりも、「無意識にやってしまう」習慣をしっかりと見ています。

営業に来た人がいくら笑顔をつくっていたとしても、断った瞬間のムッとした表情を見たら、相手は「感じの悪い人だ」と判断するわけです。

したがって、**あなたが他人に「感じのいい人だ」と判断してもらうためには、どんな場面でも「無意識のうちに笑顔になってしまう」という習慣をつくり上げる必要があります。**

毎日、自然と歯磨きをしてしまうように、いつも自然にニコニコしてしまうようになれば、それが「習慣」になったということです。「よいことがあったわけでもないのに笑えないよ」と思いましたか？ その考え方が間違っているのです。

よいことがあったから笑えるのではなく、いつも笑顔でいるから、よいことが舞い込んでくるのです。

笑顔と握手に全力投球

以前、私が増収増益を続けている経営者の方にインタビュー

「人が集まる人」の３つの習慣

親切な人は、いつも顔が優しくて笑顔です。そういう人はみんなから愛されます。あなたの笑顔がまわりの人に伝染し、みんなのエネルギーになるのです

笑顔　　　握手　　　親切

をした際、こんな話をしていました。

「私は決して特別な人間ではありません。それに、これだという何かがあるわけでもないですよ。きっと私は、笑顔と握手でここまできたのです。そこだけは全力投球です」

その方はこうおっしゃって、豪快に笑っていました。

ぜひ、気恥ずかしさは抑えて、一歩踏み出してみましょう。もちろん、自分のほうから手を差し出すわけですから、あなたの気持ちも間違いなく積極的になります。

笑顔と握手に全力投球すると、相手の気分をよくするだけでなく、実は、自分自身の気分もよくなるのです。

仕事だけでなく、家庭や友人関係といったプライベートでも、笑顔と握手で相手の心をがっちりつかみましょう。

point

**無意識のうちに笑顔になってしまう習慣で
相手だけでなく自分自身の気分もよくなる**

habit 67
意地を張らずに 「人の意見」に耳を傾ける
「もっとよくするためには」と考える

「プライド」や「不平不満」は何も生まない

よい仕事をするためには、素直に現状を分析し、他者の意見に耳を傾ける姿勢が大切です。

ムダなプライドを持ったり、意地を張ったりしていたら、仕事はなかなかうまくいきません。

また、せっかく人から注意してもらったのに、その人を敵のように感じて批判や不平不満ばかりもらしている、というのももったいないです。

そんなことをしていても、そこからは何も生まれません。あなたの脳の中にマイナスの感情が広がるだけです。

もし、その「注意した人」の意見に不満があったとしても、「どうすればもっとよくなるのか？」を考えるチャンスと考えれば、有意義な忠告と思えるはずです。

「もっとよくするためには」と考えるときは、提案される側はもとより、提案する側も、まずは素直に、相手の意見に耳を傾けて、自分自身の現状を分析することが重要です。

不平不満を言っていても、進歩はありません。相手の意見に耳を傾けて、笑顔で行動していきましょう。

相手の「本性」が垣間見える瞬間

ちなみに、上司と部下でも、社長と従業員でも、あるいは家

不平不満からは何も生まれない

批判・不平・不満

だったら自分で
やってみろ!

不平不満からは何も生まれ
ずマイナスの感情が生まれ
るだけ

不満があっても耳を傾ける

どうすればもっと
よくなるんだろう?

自分の現状を改善するチャ
ンスと考えれば有意義な
忠告に

不平不満を言ってい
ても進歩はありませ
ん。笑顔で行動し
ていきましょう

族や友人・知人、先生と生徒といった間柄でも、相手の「本当
の顔(本性)」を垣間見ることができる瞬間というものがあり
ます。

　それは、ほめられたときではなく、たったひと言でも「注意
を受けた」ときの表情や態度です。

　平素、どんなに仲のよい関係に見えても、いったん、**その人
に注意してみると、その人の自分に対する気持ちがわかります**。

　もし、その人があなたを心から尊敬していたり、あなたに対
して深い愛情があったりするなら、その「受けた注意」に素直
に耳を傾けてくれるはずです。

　ひとりであれこれ考えたり、思い悩んだりするよりも、まず
は一度、相手に対して吐き出してみてはどうでしょうか。

point

素直に相手の意見に耳を傾けて
自分自身の現状を分析することが重要

自分以外の人に
スポットライトを当てる

「思いやり」を実行に移す

「思いやり」は感じてしまうもの

よい人間関係を築くうえで、もっとも重要なものの1つが「思いやり」です。自分自身や家族はもとより、会社の同僚や上司、雇用主、取引先など、みんなに幸せを感じてもらいたければ、「思いやり」を実行に移しましょう。

実行とは、あなたがまわりの人に対して「どんな言葉を発しているか」「どんな態度で接しているか」、そして「どんな表情で接しているか」です。

あなたの目の前の人を見て、感じ取ってください。そうすると、あなたがどんな「実行」をしてきたかがわかるはずです。**「思いやり」は見えませんが、感じてしまうもの**です。互いが思いやることで、困難なことが容易になり、ときには矛盾やトラブルを解決してくれます。

「気持ち」だけではなく、「実行」する

あなたは、自分自身に対しても「思いやり」を持って接していますか？ 不思議なもので、自分自身への「思いやり」が足りない人ほど、なぜか、まわりの人に「思いやり」を求めます。

まずは**自分の言葉が相手を傷つけていないか省みて、反省すべきことは反省し、認めて修正すること**からはじめましょう。

そこまで意識していても、心が悪くなり、悪口の1つも言

「思いやりを実行に移す」とは？

「思いやり」を実行するとは、主に以下の3つを意識して行動することです。自分の目の前の人を見れば、これまで自分がどんな「実行」をしてきたがわかります

どんな言葉を
発しているか

どんな態度で
接しているか

どんな表情で
接しているか

いたくなるときがあります。しかし、そんなときは、その場で反省すればいいだけです。すぐにはできなくても、常に他者への「思いやり」を意識し、できなければ修正を繰り返すことで、魂は向上していきます。

　人を助けたり、人に丁寧に接したり、親切にすることに、「照れくさい」と感じる人もいるかもしれませんが、それは「自分にスポットライト」が当たっているからです。自分以外の人にスポットライトを当ててください。

　このことは、社会人になると誰も教えてくれません。教えてはくれないのですが、「○○さんは親切な人だね」「優しい人だね」「丁寧な人だね」と、まわりは評価してくれます。

「気持ち」だけではなく、「実行」することが重要なのです。

point

「思いやり」は見えないが、感じてしまうもの
常に他者への「思いやり」を意識し、実行する

「大切な人」への
想いを忘れない

あなたにとって大切な人の数

「あなたには、心から大切に思う人が何人いますか?」

　そう聞かれたら、あなたは何人の名前を書くことができるでしょうか? たくさんの名前が浮かんだ人もいるでしょう。もしかしたら、「自分にとって大切な人がなかなか思い浮かばない」という人もいるかもしれません。

　実は、**あなたにとって大切な人の数というのは、「あなたのことを大切に思ってくれる人」の数とイコール**なのです。

　そして、その数が、私たちの人生の「成功度」や「幸福度」の指標となります。なぜなら、人間という生き物は、自分以外の人との出会いにより成長していくからです。

　あなたが大切にしたいと思う人、あなたのことを大切にしたいと思う人が増えるたびに、あなたの幸せになる力も、成功する力も、確実に大きくなるのです。

　ひと昔前のビジネスシーンでは、「敵を倒さねば成功できない」という考え方が主流でした。そして、共感やつながり、愛といったものは、ビジネスに不要なものとして軽視されてきました。しかし、変だと思いませんか。ビジネスは人間同士のつながりそのものだからです。

　さて、あなたには「あなたのことを大切に思ってくれる人」が何人いるのでしょうか?

第7章

「リーダーシップ」が
身につく思考習慣

組織で働く際にはチームワークが求められます。また、新人から中堅社員へとステップアップしていく過程では、チームをまとめ上げるリーダーシップも求められます。チーム全体の「やる気」を引き出すためには、リーダー自らが見本とならなければなりません。

まずは「共通する目的」を意識する

理念やビジョンを「見せる化」する

リーダー自身が「どう行動しているのか」

私は、チームというものは、「共通の目的や達成すべき目標が明確で、そのためのやり方（手法）を共有し、そのための技術を備えた、役職や立場などに関係なく連帯責任を果たす、個々が補完関係にある人の集まり」と考えています。

そして、チームが一丸となるためにもっとも大切なのが、最初に挙げた「共通の目的や達成すべき目標が明確」なことです。

私はよく、管理職の方々に「チームの理念、そしてチームのビジョンを明確にしていますか？」と質問しています。

すると、ほぼ全員が「もちろん明確にしています」「毎日見られるように壁に貼り出しています」とお答えになります。

そこで「チームメンバーへの落とし込みとその実践はどうされていますか？」と質問すると、「なかなか浸透しないんだよ」「全スタッフが理解して行動してくれているとは思えない」といった回答をいただくことがあります。

しかし、何かおかしいと感じませんか？ なぜかというと、この回答には、**リーダー自身が「どう行動しているのか」という視点が欠けているからです**。

リーダーにとってもっとも重要な仕事

リーダーのみなさんは、自分の言動に意識を持っていってく

「壁に貼り出す」は行動ではない

「理念」を壁に貼り出す

全員この「理念」を
頭に叩き込んでくれ

「理念」をリーダー自ら実践

まずは自分に「理念」を
落とし込み行動あるのみ!

理念やビジョンをリーダーが自分に落とし込み、行動に移さない
限り社員は理解してくれません。チームの「理念」にもとづいた
言語を使って、部下をやる気にさせることを意識しましょう

ださい。

リーダー自身が「理念」を信じ、その信じた理念を社員や部下に伝える言語化能力が問われているのです。

あなたは、チームの「理念」にもとづいた言語を使って、社員や部下を「やる気」にさせることを意識していますか？

経営者やリーダーとしてもっとも重要な仕事は、「理念」や「ビジョン」をチームの全員に落とし込むことです。そして、「紙に書いて壁に貼り出す」ことは、行動ではありません。

まずは「理念」と「ビジョン」をリーダー自身が自分に落とし込み、行動に移さない限り、社員や部下に理解してもらえるはずがありません。

その行動が、「見せる化」なのです。

point

**リーダー自身が「理念」や「ビジョン」を信じ
自分に落とし込んで行動に移すことが重要**

人材育成の基本は「見本」「信頼」「支援」

人材育成の3つの柱

自らが見本となり、部下を信頼する

　私は、マネジメントや人材育成の基本は、「見本」「信頼」「支援」にあると思っています。

　まず、一番重要なのは「見本」です。

　「やる気のある人」を育てるためには、自分自身が「やる気のある人」にならなくてはなりません。仕事にワクワクできる人材を育てるためには、自分自身がワクワクしなければ、何もはじまらないということです。

　次が「信頼」です。

　よく、「最近の若い人は、やる気にならない人が多くて困る」といったことを言う人がいますが、こういう言い方をする人は、たいてい人を信じていません。はっきり言うと、こういう言い方をする人は、残念ながら人を育てることはできません。

　人間というものは、相手が自分を信じてくれない限り、言うことを聞いてくれることはありません。だから、相手を信じる勇気が「あるか」「ないか」が問われるのです。つまり、**「必ず伝わる」「人は変わる」と信じている人しか、人を変えたり、影響を与えたりすることはできない**ということです。

寄り添い、励ます

　そして、「支援」も重要です。

「人材育成」の３つの柱		
見本	**信頼**	**支援**
リーダー自身が「やる気」のある人間になりワクワクすることで見本となる	部下の現状の「技術」と「能力」は評価していいが、「人間」としては信じ切る	部下を見守り、寄り添い、励ましながら困難や壁を克服するチャンスを与える

　失敗や未熟さ、できていないことばかりを指摘しても、人は育ちません。

　また、できないからといってチャンスを取り上げてしまうと、困難や壁を克服する機会を奪うばかりでなく、あなたが指導する新人や部下の勇気まで奪ってしまいます。だから、**「まだできないかも」と感じたとしても、上司として見守り、寄り添い、励ましてください**。

　相手を支援する際には、「物質的支援」よりも「精神的な支援」のほうが重要です。

　新人や部下が、自らチャレンジする勇気を出して、一歩二歩と進んでいけるよう、「応援」と「思いやり」の心で接してあげてください。

point

**人材育成の基本は「見本」「信頼」「支援」
リーダー自らが見本となり、寄り添い励ます**

habit 71 相手を変えるのではなく 自分が変わる
自分自身が成長する

自分を磨き、部下の輝きをつくり出す

あなたが誰かを指導する立場であれば、「相手を向上させよう」「成長してほしい」と思って、叱ったり、ちょっと強めに話したりしたことがあるかもしれません。

しかし、そうしたやり方ではうまくいかないどころか、むしろ状況を悪化させてしまう場合が多いです。

相手は、自分に与えられた役割を果たそうとしているのです。しかし、あなたに批難されると、相手はあなたが失望していることを察知し、そのマイナス感情を意識して、さらにあなたからの低い評価を反映する行動を取ってしまいます。

そうならないようにするためには、相手を変えようとするより、自分自身が成長するしかありません。

部下には「与える」ことしかできません。**自分を磨いている優れた上司は、その部下の輝きをつくり出す支援をします。部下自身が、自分を好きになるようなことを手伝うのです。**

自分の「あり方」が相手を動かす

人を指導しようとしても、相手との信頼関係が構築されていなければうまくいきません。

たとえあなたが社長であっても、役職者であっても、先輩であっても、それは単なるあなたの「立場」でしかないので、「信

立場で指示	信頼関係で指示

こんなこともできないのか？

だったら課長がご自身でやってください

これ、やってもらえるかな？

やります。初めての仕事なのでご指導ください

部下は上司の「言っていること」を聞いて行動するのではなく、「やっていること」を見て行動します。だからこそ、自分自身を磨き続けることが大切なのです

頼関係」とは何の関係もありません。

そして相手を「ほめた」ところで、あなたに言われたって嬉しくないと思われる関係性であれば、「叱っても」「怒っても」結果は同じです。

相手に信頼してほしければ、まずはあなたが相手を信頼しなくてはいけません。

信頼関係を築くといっても、短期的に、今日明日でどうこうなるものではありません。だから気を長く持って、1年後、3年後、5年後、場合によっては「10年後にわかり合えるかも」と信じて、あなたから相手を信頼する努力をするしかありません。

あなたの「やり方」が相手を動かすのではなく、あなたの「あり方」が相手を動かすのです。

point

人を指導するためには信頼関係の構築が必要
相手を信頼しなければ、相手も信頼してくれない

「テクニック」で人は育たない

人は「人」によってしか育たない

1人の人間として感謝する気持ち

私は、雇われ社長を3年経験し、その後、現在の会社を立ち上げて約19年経ちましたが、その間、長いこと悩んでいたのが、「人材はどうすれば育成できるのか」ということでした。

当時の私は、スタッフと一緒に成長するのではなく、「育成しなければ」という、間違った考え方をしていました。そして、さまざまなリーダーシップ論をひととおり勉強して、わかったつもりになっていました。

気がつくと無力感や孤独感で一杯になり、独断と偏見で判断も誤るという状態で、会社を潰しかけたこともありました。

その過程で、メンタリング・マネジメントにおける「依存型」と「自立型」という概念を学び、実践していく中で、自分に決定的に足りないものがあったことに気がつきました。

それが、**「1人の人間として感謝する気持ち」**でした。

それからは、「感謝を見つけること」を1つの習慣にしようと考え、「朝、スタッフが時間にそろっていたら感謝」「電話を取ってくれたら感謝」「そもそも、私と一緒に働いてくれて感謝」と、何ごとにも感謝するようになりました。

「テクニック」は見破られると効果がなくなる

もちろん、今でも業務上の注意や叱責をすることもあるもの

人は「テクニック」では育たない

「テクニック」では伝わらない

どっかのリーダーシップ論の
聞きかじりで指導されても…

人は「生き方」に影響される

課長がここまで育てた案件を
任せていただけるんですか？

マネジメントや人材育成は、テクニックで行おうとすればするほど
難しくなっていきます。チームの力を高めるには、相手を操ろうと
するのではなく、相手の能力を引き出すことを考えましょう

の、毎日何度もスタッフに感謝しながら仕事ができるようになりました。そして、ここまでやってきてわかったことは、**「人材育成はテクニックではできない」**ということです。

テクニックは、相手にそれが「ただのテクニック」であることを見破られたとき、まったく効果がなくなるばかりでなく、信頼関係までなくなってしまいます。

「うちの上司は、リーダーシップ論だか何だか知らないけど、いつもテクニックだけで接してくるよね。いい加減にしてほしい」と、スタッフにあなたの「本性」がバレてしまうのです。

人がもっとも影響を受けるのは、「テクニック」ではなく、自分のまわりの人の「生き方」です。人は、人によってしか育てることはできません。

point

1人の人間として感謝する気持ちが大切
人はテクニックではなく生き様を見て育つ

habit 73 大切なのはまわりの能力を引き出すこと
対話をする習慣を心がける

部下のやる気を引き出すのが上司の役割

上司の役目とは、「自信をなくしている部下に、いかに意欲を出させるか」にあります。**部下をその気にさせて、やる気を引き出すのが上司の役割**なのです。

どれだけ立派な理論を学んだところで、どれだけ素晴らしいスキルを持っていたところで、その使い方を間違えれば、部下を動かすことはできません。

それでは、何が部下のやる気を引き出すのか？

それは、「対話」です。

あなたは部下と向き合って、対話していますか？ 相手がそれを望んでいるかどうかという話ではありません。あなたが、そうしようとしているかどうかの問題です。

「指示」「指導」「命令」だけでなく、対話をする習慣を心がけることで、部下の反応も変わってきます。

「仕事の楽しさ」を伝えることを意識する

「仕事の楽しさ」を伝えることも、上司の重要な役目です。

部下やチームの「数字」や「成績」のよし悪しにかかわらず、まずは「仕事が楽しい」と思ってもらうことが重要です。

上司のみなさんも、部下に対して意図的につらくて苦しいだけの仕事や数字を与えているわけではなく、チームメンバーが

「対話」をして「仕事の楽しさ」を伝える

対話する

そんなことが
あったんだ

対話の際には、相手のこと
を受け入れ、理解するよう
心がける

仕事の楽しさを伝える

あの納期で
この完成度は
すごいね

相手の「やる気」を引き出し、
自尊心を満たす発言を意識
する

「指示」「指導」「命令」だけでは信頼関係は築けません。「相手
の感情に寄り添う」ことで人間関係はスムーズになります

やりがいを持って仕事をして、幸せになってほしいと思ってい
るはずです。

ところが、「何とか成果を上げさせたい」「何とかやりがいを
持ってもらいたい」「何とか全員で達成したい」という強い気
持ちが先行してしまい、仕事を「楽しむ」ことの素晴らしさが、
チームメンバーに伝わりにくくなってしまっているだけなのだ
と思います。

だから、**常に仕事の楽しさや素晴らしさを伝えることを意識
して部下に接してみてください**。そして、あなたも「仕事を楽
しみ」ながら、情熱と愛情をプラスの方向へ向けて、チームに
伝えていきましょう。何ごとも「正しいこと」が続くのではな
く、「楽しいこと」しか続かないのです。

point

部下のやる気を引き出すには対話が重要
仕事の楽しさを伝えることも上司の役目

habit 74

コミュニケーションの コツは「傾聴」

相手の気持ちを想像して話を聞く

「聞く」とは相手から話を引き出す作業

人を育てるうえでは「傾聴力」も大事です。

「聞く」ということが、人間関係を築くうえで大切なことは誰しもが知っています。

たとえば、部下に対しても、あなた自身が「話す」ことは、自分が持っている知識を話しているはずです。しかし、「聞く」ことは、あなたの知識の範囲内のことではありません。

「聞く」とは、あなたが相手の状況や心情に思いをめぐらせ、想像力を働かせながら、相手から話を引き出す作業です。

私が企業サポートの現場で、経営者や管理職の方々が、自分の部下と個人面談した内容を聞いてみると、「自分の言いたいこと」や「聞きたいこと」は話すが、本当に「相手の話」を聞いているかというと、「その内容では、相手が言いたいことは聞けていないのでは？」と思うことがあります。

その人にとっては、質問をして、相手に答えてもらって、かついろいろと聞き出したと思っているようなのですが、**「あらかじめ自分が用意した質問」** を順番に聞いたところで、「相手の話」を聞いたことにはなりません。

相手の話に集中する

相手の話を「聞く」ときには、あなたの質問に答えてくれた

話を聞くときは「相手の気持ち」に寄り添う

自分の言いたいことを言い、
自分の聞きたいことを聞く

前月より売上が大幅に落ち
たのは何で？

質問に答えてくれた相手の気持ちを想像しながら、
相手の回答に合わせて会話を広げる

調子が悪いみたいだ
けど話を聞こうか？

相手の答えをスルーして、あらかじめ自分が用意した質問を順番
に聞くだけでは「会話」とは言えません

**相手の気持ちを想像してあげましょう。そして、その答えに応
じて、もう1つ、2つと、会話を広げましょう。**

　相手の話を聞く方法として、個人面談は極めて有効です。し
かし、個人面談という「形」が実施されただけで、相手の気持
ちに余計なモヤモヤを残してしまっては意味がありません。
「聞いても答えないんだよ、部下が」という人もいるかもしれ
ないので、アドバイスをしておきます。
「次は何を聞こう」とか「あと○分もあるな」などと、自分の
次の質問や時間に意識を向けるのではなく、まずは相手の話に
集中する。そして、相手の答えに対して感じた疑問や質問を素
直にぶつけて、相手が大切にしているものごとに興味を持つ。
これを意識してみてください。

point

**相手の「言いたいこと」は相手の中にしかない
相手の気持ちを想像しながら話を聞こう**

habit 75

面談は「支援活動」であり「指導活動」ではない

個人面談で相手のやる気を引き出す

面談の目的は「やる気になってもらう」こと

個人面談は、場所や形式にこだわることよりも、まずは相手に「元気になってもらう」「やる気になってもらう」ことを目的としましょう。また、面談の際には、相手の「言葉」「動作」「表情」を、あなたの都合ではなく、相手の立場になって感じ取ってあげてください。

あなたは、相手をコントロールするために個人面談をするわけではありません。相手に、自らやる気になってもらうために、話を聞くのです。

だから、相手がどんな状況だったとしても、あなたが今できることは何かを考えましょう。

個人面談とは「支援活動」であり、「指導活動」ではありません。その意識を、あなた自身が明確にしておくことが大切です。

「沈黙」にも意味がある

「面談をしていたら、相手が黙り込んでしまった」といった経験をしたことがある人もいると思います。

気まずくなるのを恐れて意味のないことをしゃべったり、別の話題を持ち出したり、話をまとめようとしたりしてしまうという人もいると思いますが、自分の先入観だけで「何かヤバいかも」と感じて、話をまとめたところで、結局、上辺だけの対

面談は「指導活動」ではなく「支援活動」

指導活動

なんで指示したとおりに
できないの？

支援活動

どうすればできるか
一緒に考えよう

面談は「指導」ではなく「支援」であることを肝に銘じ、「相手の
ために自分ができることは何か」を考えましょう

応になってしまいます。

そんなときには、まずは大きく深呼吸して、相手の様子を観察してみましょう。相手が、何か言葉を探しているようなら、待ってあげてください。それでも言葉が出てこなかったら、「言いにくかったかな？ この質問。あっ、無理に答えなくていいよ。誠実に考えてくれてありがとう」と、質問を引っ込めたり、「まとまらないなら、今日は答えなくても大丈夫だよ」と保留にしたりしてもいいでしょう。

私は昔、先輩から教えてもらったことがあります。それは**「沈黙のあとに話をしてくれた内容は、重要であることが多い**。そして、なぜ沈黙があったのかのヒントが、そこにある」というものです。「深い」ですよね。

point

個人面談の目的は相手のやる気を引き出すこと
相手が黙り込んでも慌てずに回答を待つ

「嫌われる上司」に共通する特徴

今の時代に合わせた言動を意識する

相手を「気づかう」「敬う」意識を持つ

たまに「今の時代の若者は難しい」と言う人がいますが、そういう話を聞くと、私は「若者が難しいのではなく、あなたの人としての姿勢が問題なのでは？」と感じてしまいます。

もし、あなたが管理職であれば、「今の時代に合わせた言動」を意識する必要があります。

たとえば、就業時間外の飲み会やBBQも盛り上がっていいとは思いますが、部下の都合も聞かずに、開催の5日前に「○日に仕事が終わってから飲み会やるぞ。もちろん参加するよね」などと上級管理職の人が言ったら、当然ながら、新人や若手社員は困惑してしまいます。

前もって都合を聞いたり、決定事項として行うのであればせめて1カ月前に通知したりしないと、「つき合うのが面倒」「それって強制ですか？」と思われても仕方ありません。

もし、そんなやり方をしているのであれば、それは「今の時代の若者は難しい」というわけではなく、あなたに相手を「気づかう」「敬う」といった意識や姿勢が足りないだけです。

まずは相手を受容し、肯定する

新人や部下と面談や会話をする際も、「その話はわかりましたが、私が質問したのは○○です」といった、相手の話を遮断

一方的な決定・強制

今日の飲み会
参加できるよね?

会話の遮断

その話はわかったけど
質問に対する答えは?

部下に自分の気分や都合を押しつけたり、相手の話に興味がないことが伝わったりすると、信頼関係は築けません

するような言い方はいただけません。こんな言い方をしたら、相手に「その話は聞いてない」「その話には興味がない」ということが伝わってしまいます。

　会話は「受容」から始まります。ですから、まずは「なるほどね」といったん肯定して、そのあとで「ところで○○の話にとても興味があるので、もう一度、詳しく聞かせてくれませんか」といった具合に、脱線してしまった話を本線に戻すことを意識してみてください。**ポイントは、相手に「私の話の腰を折られた」あるいは「私の話は聞いてもらえなかった」という印象にならないよう意識すること**です。

　面談や会話の際には、「まずは相手を受容し、肯定する」ことを心がけましょう。

point

立場の上の人こそ目下の人への気づかいが必要
会話の際は相手を受容し、肯定することが大切

「感動力」が人を動かす

「感動」は伝染する

感動した人間は、行動する人間になる

私が見てきた限り、リーダーとして優秀な人ほど、大きな「感動力」を持っています。

感受性が豊かで、ほかの人が見過ごしてしまうようなことにも感動し、素直にそれを表現する。そうしたリーダーの下にいると、チームメンバーもたくさん感動できます。

「感動」は伝染します。

「感動」とは、心揺さぶられる体験です。

心を揺さぶられると、人は奮い立ちます。つまり、感動した人間は、行動する人間になります。そして、行動する人間は、経験を積んで成果を上げる人間になるということです。

だから、**優秀なリーダーの多くは、感動できる素直な人間を大切にします**。

「感動する心」がないとチャンスを逃す

人を動かしたいのであれば、「感動」以上に説得力を持つものはありません。しかも、幸いなことに「感動」はタダで手に入ります。

夢も、夢を語り合える友も、辛抱強さも、世の中で一番大切なものは、みんなタダで手に入るのです。

世の中には、立派なものやすばらしいものがたくさん存在し

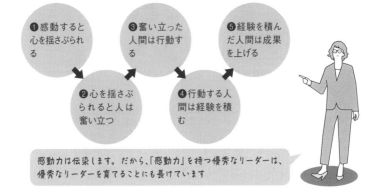

「感動」が「成果を上げる人材」をつくる

❶感動すると心を揺さぶられる

❷心を揺さぶられると人は奮い立つ

❸奮い立った人間は行動する

❹行動する人間は経験を積む

❺経験を積んだ人間は成果を上げる

感動力は伝染します。だから、「感動力」を持つ優秀なリーダーは、優秀なリーダーを育てることにも長けています

ています。また、一生懸命に生きている人や、真面目にコツコツ努力を積み重ねている人も数多くいます。

　そのようなものや人に出会ったときに**「感動する心」がなければ、どんなに素晴らしい出会いだったとしても、それに気づかず、ただ通り過ぎていくだけとなります**。

　つまり、「感動力」がない人は、せっかくのチャンスを逃してしまうことになるのです。

　道ばたに咲いている花を見て「きれいだね」と言えることが大切なのではなく、その花を見つけて「きれいだ」と感じる心が大切なのです。

　どんな些細なことにも素直に感動できる心が、ほかの人にも伝染し、奮い立たせるのです。

point

感動した人間は、行動する人間になる
人を動かすには素直に感動できる心が必要

思ったことが
「実現」してしまう？

私たちの生活は潜在意識に左右されている

「私たちの想念は、現状として目の前に起きている」と、聞いたことがあります。つまり、「思ったことが実現している」ということになります。

「思ったことなんて実現しないよ」と思っている人は、「実現しないよ」という思いが、実現しているようです。

私たちの日々の生活は、潜在意識に大きく左右されています。だから、ふだんから笑顔で過ごし、嬉しいことや楽しいこと、幸せなことなどを意識することが大切なのです。

だから、今、目の前の「幸せ」を感じましょう。

人間の脳は、基本的に1つのことしか考えられないようにできています。

だから、嫌なことを「忘れる努力」をしている限りは、ずっと嫌なことを考えてしまいます。

だから、**嫌なことを忘れる努力よりも、あなたをワクワクさせてくれるものや、あなたが幸せを感じることに心を向けましょう**。そうすれば、いつの間にか嫌なことなんて忘れてしまい、あなたの心は幸せになっているはずです。

「心＝脳」なのです。

人生が楽しい。そう心から思える人は、やはりそういう現象が身のまわりに起きているようです。

第8章

求められる
「人材」の条件

求められる「人材」になるためには、「依存型」ではなく「自立型」の思考習慣と行動習慣が求められます。そのためには、1つ1つの仕事を毎日「やり切る」姿勢が重要です。世の中には「もともとできる人」などいません。「やった人」ができる人になるのです。

世の中には4種類の「じんざい」がいる

受け取る給料以上の価値を提供する

さまざまな「じんざい」

社会には、さまざまな「じんざい」がいます。

1つ目は「人材」です。この人は、磨けば光る素材という可能性もあります。現在の給料とその人の提供する価値が「イコール」の人が、これに当たるのかもしれません。

2つ目は「人在」です。在籍しているだけの人。つまり、「そこにいるだけ」の人のことです。

3つ目は「人罪」です。この人は、自分が提供する価値以上に賃金を受け取っている、いわゆる「給料泥棒」です。給料泥棒かどうかとは関係なく、その人の存在が仲間に悪影響を与えてしまう人も、この「人罪」に当たります。

4つ目は「人財」です。チームの理念にもとづいて、方針を理解し、業務を優秀に遂行する人です。仲間の見本となり、その姿や生き様に憧れて後輩も力を伸ばすなど、仲間によい影響を及ぼす人も、この「人財」に当たります。

当然、**受け取る給料以上の価値を提供しようとする人を、世の中は放っておきません**。あなたも、まわりの人から一目置かれ、声をかけてもらえるような「人財」を目指しましょう。

「育った人材」の定義

私は、習慣形成トレーニングを通じてさまざまな企業の「自

社会には4種類の「じんざい」がいる

人材
給料と提供する価値が「イコール」の人

人在
「そこにいるだけ」の人

人罪
「給料泥棒」および仲間に悪影響を与える人

人財
業務を優秀に遂行し、仲間によい影響を及ぼす人

立型人材育成」のお手伝いをしていますが、経営者の方からよく、「なかなか人材が育たないのですが、どうすればいいのでしょうか？」という質問を受けます。

では、みなさんに逆に質問です。

あなたの会社では、どんな状態の人が「育った人材」なのか、定義していますか？ おそらく、「育った人」がどういう人で、「やる気になった人」がどういう人なのか、はっきりと定義している会社は少ないのではないでしょうか。

私が定義する**「育った人材」とは、「どんな環境や状況からでも道を切り開いて、目的達成のために考え、行動できる人」**です。つまり、「とらえ方や考え方を変えると、結果は変えられる」という思考習慣、行動習慣をつくり上げるのです。

---

point

会社員は業務を優秀に遂行し、仲間によい影響を与える「人財」であるべき

求められるのは
「自立」した人材

やった人ができる人になる

考え方を変えると結果も変えられる

先ほど、「自立型人材」について少し書きましたが、その一方で、「依存型人材」という考え方もあります。

この依存型人材とは、「置かれている環境や条件によって人生が決まる」と考えている人のことです。

基本的に、自立型人材は「置かれている環境や状況には、人間は影響を受けない」と考えます。

では、依存型人材は、何に影響を受けているのか?

それは、「自分の思い込みに影響を受けている」、あるいは「自分の習慣に影響を受けている」のです。

そのため、自立型人材になるためには **「考え方を変えると結果も変えられる」という思考習慣と行動習慣をつくり上げることが大切**なのです。

大切なのは1日1日「やり切る」こと

それでは、どのような思考習慣を身につければ、「自立型人材」になれるのでしょうか? 難しく考えてしまう人もいそうですが、実は単純で、そのポイントは3つだけです。

1つ目は「今、自分を元気にできるのは自分自身だけ」という考え方です。「誰がどう言った」とか「あの人がどう思うか」などと考える必要はありません。できごとに意味はついていま

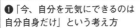

「自立型人材」になるための3つのポイント

❶「今、自分を元気にできるのは自分自身だけ」という考え方

なりたい自分になる！

「自立」とは、いかなる環境・条件の中においても、自らの能力と可能性を最大限に発揮して、道を切り開いていこうとする姿勢です

❷「今、置かれている環境や条件は一切関係ない」という考え方

やるのは自分！環境は関係ない

❸「今、ここでできることを全力でやる」という考え方

とことんやる！できるまでやる！

せん。そのできごとにわざわざ意味をつけているのは自分自身です。あなたがどうなりたいか次第で、やる気は湧いてきます。

2つ目は「今、置かれている環境や条件は一切関係ない」という考え方です。あなたが今の状態なのは、環境や条件が整わないから動けないのではなく、動かないから環境も条件も整わないのです。そもそも、環境や条件がもともと整っていることなどありません。

3つ目は「今、ここでできることを全力でやる」という考え方です。大切なのは1日1日「やり切る」ことです。毎日100%を出し切るから、能力は向上するのです。**世の中には「もともとできる人」など存在しません。「やった人」ができる人になるのです**。

point

**自立型人材になるためのポイントは3つだけ
毎日100%を出し切るから能力は向上する**

「自分」と「自分の未来」に期待する

「自立型人材」になるための考え方として、「自己依存」「自己管理」「自己原因」「自己評価」「他者支援」という5つのキーワードがあります。この5つは、個々が独立しているわけではなく、全部が連動しています。

まずは「自己依存」について考えてみましょう。

ところで、あなたは何かに期待していますか? そして、自分自身に期待できていますか?

他人や環境に期待しすぎると、なかなか思いどおりにならずに不満を持つようになり、その「負の感情」が自分に返ってきてしまいます。しかし、もともと「他人」と「環境」は思いどおりにすることができません。

それでは、思いどおりになるものとは何でしょう?

そうです。「自分」です。**何に期待すべきなのかというと、それは「自分」と「自分の未来」なのです。**

自分に「どうしたいんだ?」と問いかける

ポイントは、**常に「自分がどうしたいのか」で考える**ということです。

つまり、「会社がどうか」ではなく「どんな会社にしたいか」、「上司がどうか」ではなく、「どんな上司と人間関係をつくりた

「他人」や「環境」ではなく「自分」に期待する

「他人」と「環境」は
思いどおりにならない

「自分」と「自分の未来」は
思いどおりになる

なんで言ったとおりに
やってくれないの？

こんな職場じゃ
だめだ……

これを毎日続ければ
いつか結果につながる

毎日の積み重ねで
未来の自分をつくる！

いか」、「部下がどうか」ではなく「どのように部下と人間関係をつくりたいか」、そして「職場がどうか」ではなく「どんな職場にしたいか」と考えるのです。

このように、あらゆることを「自分がどうしたいのか」で考えることを、私は「自己依存」と言っています。

一度しかない人生です。**充実した人生を送るためには「自分がどうしたいのか」を常に考える思考習慣が大切**です。「自分がどうしたいのか」を軸にして考えることで、次の自分の行動が決まり、自分の行動によっていろいろなことが変えられます。

決して難しいことではありません。いつも自分に「どうしたいんだ？」って聞いてあげればいいだけです。絶えず自分に問いかけていると、脳が自動的に解決策を考えてくれます。

point

期待すべきなのは「自分」と「自分の未来」
「自分がどうしたいのか」を常に考えよう

「何気なく生きない」ことを意識する

次に、「自己管理」について考えてみましょう。「自己管理」は、あなたがあなたの可能性を最大限に発揮するための重要ポイントです。私たちは無意識でいると、どうしても環境や他人に依存してしまいます。だから、**無意識に流されないように、「自分軸」をつくる**のです。

「自分軸」とは、「自分を放っておかない」ということです。

どういうことかというと、**あなた自身が「使う言葉」「表情」「動作」などを選んでおく**ということです。

こんなときは「どんな表情をして」「どんな言葉を使って」「どんな行動をするのか」を、あらかじめ決めておくのです。

ものごとを無意識にやらず、何気なく生きないことが重要です。無意識だと、昨日の自分と同じ自分になります。そうではなく、「なりたい自分」になるのです。

1日1日を無意識に生きるのではなく、「自分自身がなりたい自分になる」「すてきな自分になる」「かっこいい自分になる」と決めて、生きていきましょう。

どう考えようが自分の勝手ですから、遠慮なくやってみてください。言葉1つも何気なく言うのはやめて、表情も行動も常に意識してください。

自立型の姿勢というのは「何気なくやらない姿勢」なのです。

無意識に流されないように「自己管理」する

無意識でいると……

やっても
意味なさそうだし
まあいいか

何気なく生きていると「楽」をしようとしてしまい、最終的に「楽」が目標になってしまう

「自己管理」すると……

毎日30分の勉強が
未来の自分をつくる!

マイルールを決めてコツコツと続けることで、「なりたい自分」に日々近づいていくことができる

私たちは無意識でいると「環境」や「他人」にどうしても依存してしまいます。そうならないためにも、「自分の中に軸をつくる」ことは非常に重要です

マイルールを決めてコツコツと続ける

つまり、「私はこんな人として生きる」と決めて、「目標」や「夢」を持つということです。なぜなら、目標や夢がないと、私たちは楽をしようとしてしまい、結局、「楽」が目標になってしまうからです。

私が会社を設立し、なかなかうまくいかなかったときには、マイルールを決めて、1つ1つを意識して行動しました。前向きな経営者や夢に向かって努力している人に近づいたり、自分のポリシーを名刺の裏に書いて配りまくったりもしました。

とにかく**マイルールを決めて、コツコツと続ける。自分の習慣を変える努力をしていくことこそが「自己管理」**なのです。

point

**無意識に流されないように「自分軸」をつくる
自分の習慣を変える努力をコツコツと続ける**

「自立型人材」になるための 5つのキーワード③

自己原因

自分自身に原因を見いだす

次に「自己原因」について考えてみましょう。「自己原因」とは、どのような状況にあったとしても、いったんは「真の原因は自分自身にあると考える」ということです。

何ごとも、他人や環境のせいにしたところで解決しません。目の前の結果に至るまでには、「やろう」と思えば、自分にできることは一杯あったはずなのです。

このように、自分に原因の1つを見つけ出すことを、私は「自己原因」と言っています。つまり、「やろう」と思えばできたはずのことを、「ひょっとしたら、やっていなかったかもしれない」と考えることを習慣化するということです。

たとえば、自分の言うことを「相手がわかってくれない」のではなく、「相手にわかってもらうための準備が足りなかった」とか、「お客さんが商品を買ってくれない」のではなく、「お客さんが喜んだり、感動したりできる商品をつくるための努力や工夫が足りなかった」などと、**他人や環境のせいにするのではなく、自分自身に原因を見いだす**のです。

自分に原因を探すことで「出番」が見つかる

どんな状況であったしても、「自分がやろうと思えばできるはずのこと」を見つけ出しましょう。つまり、自分の「出番」

何ごともいったんは「自己原因」で考える

こんなにがんばって作成した資料なのに認めないなんて部長はセンスがない！

部長が認めてくれないのは調査結果に対する検証が浅かったからかも。もう一度調べ直してみよう

好ましくない状況であっても、いったんは「自分が原因であることはないか？」と考えてみましょう

を見つけるために、自分に原因を探すのです。

　原因はどこにでもつくれます。そもそも原因は、自分の都合でつくっているからです。たとえば、取引先との待ち合わせに遅れた場合に「山手線が遅延してまして」などと説明しても、あなたが人を待たせてしまった事実は変わりません。であれば、遅延することも想定して早めに出発することもできたはずです。**「自分にも原因があるかも」と考えるから、次からはどうしたら突発的なことが回避できるか考えられる**のです。

　人生のいろいろな場面で、人間力が試されます。人間力を鍛えるには、何ごとも他人のせいにせず、自己原因でいったんは考える習慣を身につけることが大切です。自分に原因を探すことによって、あなたの「出番」が見つかります。

point

「やろうと思えばできたこと」を探し出し、
自己原因で考えることで「出番」が見つかる

habit 83

「自立型人材」になるための 5つのキーワード④

自己評価

自分の未熟さを自覚し、挑戦者であり続ける

次に「自己評価」について考えてみましょう。「自己評価」とは、「一流を目指してとことんやる」という姿勢です。

たとえば、野球のイチロー選手は、目標を1つ1つ達成していっても、インタビューではいつも「まだまだ課題だらけだ」と言い、引退まで挑戦し続けました。

たとえがイチロー選手だと「そんなすごい人の例なんて参考になるの?」と思うかもしれませんが、考え方は簡単です。**「他人の評価に振り回されることなく、どんなときも"自分は未熟"と自覚しながら、挑戦者であり続ける」**ということです。世の中で「すごい」と言われる人たちの本当のすごさとは、本人たちが自分のことを「すごい」と思っていないということです。それどころか、「未熟」と思っています。

この「自己評価」から、「本物を目指してとことんやる」という姿勢が生まれるのです。

「成長が早い人」の特徴

私は仕事柄、現役経営者の話を聞く機会が多いのですが、「倒産の危機からの復活劇」「組織改革の成功事例」といったすごい実績を持つ経営者の方々に「社長の不可能を可能にした体験談を聞かせてください」とお願いすると、ほとんどの方が「私

成長し続ける人の条件

常に「自分は未熟」と
考える人は……

まだまだ学ぶべきこと、
やるべきことがたくさんある

「自分はすごい」と
思っている人は……

みんな「すごい」って
言ってくれるし今のままでいいか

「自分はすごい」と思っている人は「本物」になれません。「自分は未熟」と考えて、一流を目指してとことんやる人が「本物」になるのです

はとくに、不可能を可能にしたことなんてありません」あるいは「自分は大したことやってないよ。まだまだ途中だしね」といったことをおっしゃいます。

自分のことを「未熟」と思っている人たちは、成長が早いです。「自分にはまだまだ課題がたくさんある」と考えているため、常に学び、挑戦しているからです。そして当然、たくさんの「課題」を自分に課している人ほど、伸び代も大きいです。

一方、「自分はすごい」と思っている人は、「自分には課題がない」と思い込んでいるため、それ以上に学んだり、努力したりすることがなくなります。そうなってしまったら、もう成長することはありません。

あなたは自分を、どう「自己評価」していますか？

point

**成長する人は「自分は未熟」と自覚しながら
常に挑戦者であり続ける**

「自立型人材」になるための
5つのキーワード⑤

他者支援

自分が相手にしたことが、自分に返ってくる

次に、5つのキーワードの最後のテーマ、「他者支援」について考えていきましょう。

私は今でも、たくさんの先生方から学ばせていただいていますが、最後の最後はみなさん、「人間関係には1個しか法則がない」という結論に行き着くようです。その法則とは、**「自分が相手にしたことが、自分に返ってくる」**というもので、ひと言でいえば「因果応報」ということです。

「相手がわかってくれない」のは、「自分が相手のことをわかっていない」からです。そして、「まわりが助けてくれない」のは、「自分がまわりを助けてこなかった」からなのです。

今、「自分はひとりぼっちだ」と感じている人は、もしかしたら、今までの人生で、人のことを考えてこなかったからなのかもしれません。

ほかの人のために何かやってみる

「私は、ひとりぼっちなんです」と言う方には、私はいつも**「毎日、ほかの人のことを考えて、その人に、自分ができることを何かやってみる」**ことをおすすめしています。1日5分でも、10分でもいいので、この習慣を続けるだけで、友だちや仲間が一杯できます。まわりの人のことを考えている人のもとには、

誰かのために、自分ができることをやってみる

同僚のために
毎朝デスクを
拭く

家族のために
毎日トイレ掃
除をする

地域のために
毎日ゴミ拾い
をする

同僚に毎朝明
るく挨拶する

家族のために
毎日靴を磨く

「人のため」に行動できる人のもとには、「自分にないもの」を持っている人も集まってきます。そして「自分にないもの」を持っている人を集められる人は、結果として何でもできる人になります。Know-how よりも、Know-who なのです

自然と、その人のことを考えてくれる人たちが集まります。自分が相手にしたことが、自分に返ってくるからです。

自分ひとりで何かを成し遂げるのは難しいです。なぜなら、自分ひとりでやりがいや達成感を得るのは難しいからです。

まわりの人たちとみんなで何かを成し遂げることは、もっとも簡単です。なぜなら、私たちの「人生経営」にとって不可欠な資源である「勇気」が共有されるからです。人間は、勇気さえあれば何でもできます。「問題があって進めない」という人は、問題に挑む勇気がないだけなのです。なぜなら、勇気があれば問題を問題と感じず、「楽しみ」と感じるからです。

人と人がつながることで、私たちはどんな問題でも乗り越えていけます。勇気を共有することができるようになるからです。

point

自分が相手にしたことが、自分に返ってくる
自分ひとりで何かを成し遂げるのは難しい

過去のやり方や
成功例にこだわらない

自分で自分を奮い立たせる

私たちは自分の思考習慣に左右されている

　私は、自立型人材のことを「自分自身がどうするかで、すべてを変えられる人材」と、定義しています。

「目的」「目標」「理想の自分」を意識せずに生きている人は、置かれている環境や条件など、自分がすでに持っているものに依存します。なぜかというと、そのほうが楽だからです。そして、「依存型」に陥るもう1つの理由があります。それは、過去のやり方や成功例などにこだわっているからです。

　仕事や課題に対して「どうにもならないです」という人は大概、過去の「やり方」しか見ようとしません。

　一方で、「何とでもなる」「何とかしてみせる」と思っている人は、新しいやり方を探して、必ずそれを見つけ出します。なぜなら、諦めずに「探し続ける」からです。

　本当は、「行き詰まる」という状況は存在しません。過去の「やり方」にこだわる人たちが「行き詰まる」だけなのです。

　つまり、**私たちは環境や状況に左右されているのではなく、自分の思考習慣に左右されている**のです。

自分が発する言葉を意識する

　私たちは無意識に、自分自身にいろいろな言葉を語りかけています。この語りかけの言葉1つで、脳はプラスイメージに

「断定形」か「現在進行形」で言い切る

中途半端な言葉

できたらいいなぁ

「願望」など中途半端な言葉だと、「できないかもしれない」というイメージが湧いてしまい、やり切ることができなくなる

「断定形」や「現在進行形」

できる！　　できている！

「断定形」や「現在進行形」で言い切ると、脳がプラスイメージになり、自分で自分を奮い立たせることができる

強気になっても弱気になっても、ビジネスの現場ではやるべきことはやるしかありません。自分で自分を奮い立たせる能力を高めましょう

もマイナスイメージにもなります。

たとえば、「うまくいくかな」と自分に語りかけるのと、「必ずうまくいく」と語りかけるのでは、どちらが脳にプラスの影響を与えるかは明らかですよね？

だから、**どんな状況でも必ず強気で、冷静になれる言葉を自分に語りかけましょう**。そして、語りかける言葉は必ず「断定形」もしくは「現在進行形」で言い切ること。「こうなれたらいいなぁ」といった中途半端な言葉だと、「できないかもしれない」というイメージが湧いてしまい、やり切ることができなくなるからです。ふだんから自分が発している言葉を意識して生活することで、自分で自分を奮い立たせる能力を高めましょう。そして、仕事に挑む自分を客観的に見て楽しんでください。

point

**人は自分の「思考習慣」に左右されている
自分で自分を奮い立たせる能力を高めよう**

「セルフイメージ」を
向上させよう

セルフイメージを変える

脳にあるイメージは簡単に変えられる

自立型人材であるためには、「セルフイメージ」も重要です。

私たちの脳は、よくも悪くも「自分が抱いたイメージ」を実現しようとします。だから、**私たちの行動や立ち居振る舞いは、「どんなイメージを抱いているか」で決まる**のです。

まわりから「できる人」と言われる人は、自分で「できる自分」のイメージをつくり上げ、「お嬢様」と言われている人は、自分で「お嬢様としての自分」のイメージをつくり上げているのです。

そして、「自分」というものは、変えようとしてもなかなか変えられません。しかし、脳にあるイメージならば、簡単に変えられます。つまり、**セルフイメージが変わらなければ、自分を変えることもできない**のです。

だから、「もっと成長したい」「営業でよい結果を出したい」「モチベーションを高めたい」などと考えているのであれば、まずはセルフイメージを向上させて、そのイメージに一歩ずつ近づくための習慣づくりをはじめましょう。

セルフイメージは身だしなみにも表れる

セルフイメージは、身だしなみにも表れます。そのため、よい身だしなみを常に心がけ、習慣化することも大切です。

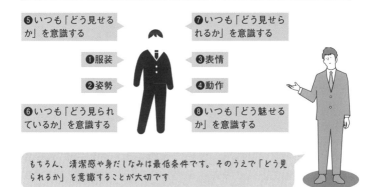

「自分どう見せるか」を意識する際の8つのポイント

❺いつも「どう見せるか」を意識する

❼いつも「どう見せられるか」を意識する

❶服装

❸表情

❷姿勢

❹動作

❻いつも「どう見られているか」を意識する

❽いつも「どう魅せるか」を意識する

もちろん、清潔感や身だしなみは最低条件です。そのうえで「どう見られるか」を意識することが大切です

　よい身だしなみといっても、「高級ブランドを身につけましょう」と言っているわけではありません。

「この服を着るとどんな印象になるか」「これを身につけるとどんな人と感じてもらえるか」をイメージして、身だしなみに気を配ることが大切なのです。

　私がおすすめするのは、5年後、10年後に「自分自身がどうなっていたいか」をイメージし、その**「なりたい自分」を基準にして身につけるものを選ぶ**という方法です。

　なお、「身だしなみ」には、表情や姿勢、動作なども含まれます。ときおり鏡を見て、自分自身の調子が悪そうだと感じたり、表情が暗いと思ったりした場合は、意識的に笑顔をつくるようにしましょう。

point

まずはセルフイメージを向上させる
身だしなみに気を配ることも大切

"できる人"は
やり方より目的にこだわる

「今からできること」を探す

「正解がない」のが当たり前

　自立型人材は「目的」にこだわります。一方、依存型人材は「環境」や「やり方」にこだわります。そのため、依存型の人はすぐに限界と考えてしまいます。

　あなたの今までの人生を振り返ってみてください。「これさえやっていればうまくいく」「これさえやれば必ず売れる」と言い切れる手段や方法はなかったはずです。

　もしも絶対に万能で、普遍と言い切れる方法があったとしたら、人間社会はつまらなくなります。誰も、何も考えなくてもよくなるからです。「正解探し」をするのはやめましょう。**「正解はない」「どうしたらいいのかわからない」のが当たり前**なのです。そして、それが楽しいのです。なぜなら、誰にでもチャンスがあるからです。

「できる・できない」という考え方を捨てる

　まずは「できる・できない」という考え方を捨てましょう。できるかできないかで考えると、「新しいこと」や「やったことがないこと」は、全部できないことになってしまいます。その代わりに、「やりたいか・やりたくないか」で考えましょう。

　また、「たら・れば」で考えるのもやめましょう。

　たまに、「お金があったらこの事業ができる」と言う方がい

「できる・できない」「たら・れば」をやめる

「できる・できない」で考える

やったことないし

できたって聞いた
ことないし

「たら・れば」で考える

予算があれば

時間があったら

「できる・できない」で考えると、
新しいことは全部「できない」こと
になってしまう

「たら・れば」で考えると、次々
と「できない理由」が見つかっ
て挑戦できなくなる

脳は自分自身が発した言葉に忠実に応えます。「今から〜」という言
葉を使って「どんどんできることを探す脳」をつくり上げましょう

ますが、そう聞くと、私は「この人は、事業はできないな」と
思います。なぜなら、もし、お金の問題が解決したとしても、
そういう人は「広告宣伝費が足りない」「ノウハウがない」「信
用がない」などと、次から次へとできない理由を見つけ出すか
らです。

　それでは、どうすればいいのか？　今ある資金でできる、別
の「やり方」、つまり「今 "から" こうする」「明日 "から" こ
れをする」を考えるのです。**新しいことを考える際には、「から」
という言葉を使って考えることが重要**です。

　「できるか・できないか」ではなく、「やりたいか・やりたく
ないか」で決める。そして「やりたい」なら、条件ではなく「今
からできること」を探し、まずはやってみましょう。

point

環境ややり方ではなく、目的にこだわる
今からできることを探し、まずはやってみる

「正解」はやってみて わかるもの

課題に対してすぐに動く

「何を目指しているのか？」で考える

「何をやれば正解なのか」ばかりを考えていると、一歩を踏み出すのが遅くなったり、その一歩さえ踏み出せなくなったりしてしまいます。

「正解」ばかりを求めていると、自分と真正面から向き合うことができません。そのため、やがて「できない理由」を探しはじめて、さらには「一歩を踏み出さない自分」を正当化しようとしはじめます。

「何が正解の行動か？」などと考える必要はありません。

「何が正しくて、何が正しくないのか」ではなく、「私（たち）は、何を目指しているのか？」で考える習慣をつけましょう。目指すもの（目的・目標・理想）に向かって、「今、自分（たち）でできることをすべてやればいいのです。

まずは行動してみることで、その結果、よい流れができたということが、あとでわかるのです。何よりも大切なのは「課題に対してすぐに動く」という思考と行動です。

できそうなことを全部やる

世の中には、やってみる前からわかる「名案」などありません。しかし、「できること」や「やれること」は無限にあります。そして、その中から最善策を選ぶのです。

「何を目指しているのか」で考える

「何が正解か?」で考える

絶対に失敗したくない!
正解を見つけ出さないと

「何を目指しているのか?」で考える

目的の実現のために
まずはこのアイデアを
実行してみよう

「何が正しいか、正しくないか」ではなく「何を目指しているのか」で
考えて、「課題に対してすぐに動く」という思考と行動が大切です

「最善策」は、アイデアをたくさん考えれば考えるほど、見つ
かりやすくなります。

　アイデアも行動も、量が質を高めてくれます。つまり、失敗
をすればするほど、失敗しないような方法が見つかる可能性が
高まるのです。

　しかし、行動する前に「名案探し」をしようとしても、あま
り意味がありません。行動せずに最初から「正解」を探そうと
すると、いつまで経っても見つからないからです。

「名案」は、行動して結果が出たあとに「あれは名案だったね」
とわかるものです。「できる理由」も、「できたあと」にしかわ
かりません。だから、**「できそうなことを全部やる」という姿
勢が大切**なのです。

point

「正解」よりも「目指すもの」を基準に考える
アイデアも行動も、量が質を高めてくれる

「どうせ」からは
何も生まれない

「どうせ」のひと言があなたの能力を下げる

「どうせ」という言葉を使うのはやめましょう。

「どうせ」は、脳をマイナス思考にするもっともやっかいな言葉だからです。

「こんな仕事は"どうせ"ムダだ」

「自分には"どうせ"無理だ」

「こんな目標は"どうせ"達成できない」

そんな否定的な思いがどこかにあると、それが心理的ブレーキとなり、本気で努力できなくなってしまいます。

これは仕事に限った話ではありません。

「どうせ」は、すべての人の能力を下げる「悪魔の言葉」と考えましょう。

「どうせ」という言葉を発すると、どんなにすばらしい可能性も活かされません。

もし、あなたが「どうせ」という言葉を使っているのなら、別の言葉に置き換えてください。

そして、**無意識のうちに「どうせ」という言葉を使ってしまった場合は、そのあとにすぐ「ちょっと待った」「もしかして」と付け加えてください。**

そうすれば、脳はあなたの言葉に従って「もしかして」「あっ、できるかも」とプラス思考を導き出してくれます。

終章

毎日が「新しいスタート」と考えよう

死を間近にした人が自分の人生を振り返ったとき、多くの人が「もっとチャレンジしておけばよかった」と思うそうです。しかし、人は何歳からでもチャレンジし、人生を変えることができます。今日という日は、誰にとっても「残された人生の中で一番若い日」なのです。

habit 89

「理想の自分」を
思い描くことが大切
自由に未来の自分を思い描く

自分の未来をどう思い描くかは自由

「思う」ことに地位やお金は不要ですし、社会的な制約もありません。あなたが自分の未来をどう思い描くかは自由です。

だから、「どうせ無理」とか「私なんて」などと思うのも自由ですし、「キラキラ人生になる」とか「私にはできる！」と思うのも自由です。どちらの「思い」も、今の環境や状況は関係なく、あなたが「どう思うか」だけで自由に決められます。

だから、ぜひ、「やりたいこと」「やってみたいこと」「理想の自分」をイメージして、「私だからこそできる」と思い描きましょう。

あなたの人生は「誰のせい」でもありません。もしも、**あなたの「思い」を阻むものがあるとしたら、それは自分の「弱気な考え」**です。今すぐ、「理想の自分」になるために、できることから取り組んでいきましょう。

私たちは「なりたい自分」にしかなれない

私たちは、「イメージ力」次第でどこまでも行けます。

しかし、**あなたがイメージした「理想の自分」を超える現実が訪れることはありません。**

私たちの人生は、未来のビジョンの大きさで決まります。だから、今の自分は、過去の自分が思い描いたビジョンの範囲内

自分の未来をどう思うかは自由です。やりたいことややってみたいことを「私だからこそできる！」と思い描いて、理想の自分を目指しましょう

に収まっているはずです。

つまり、**今の自分をつくり出したのは、誰のせいでもなく、あなた自身**なのです。

想像力は無限大ですから、勝手に制限をかけないでください。自由に未来の自分を思い描き、ワクワクしましょう。

私が昔読んだ、元プロ野球選手・落合博満さんの本には「志の低い人間は、それよりさらに低い実績しかあげられない」と書かれていました。まさに、そのとおりだと思います。

仕事も人生も同じです。思い描いた以上の自分にはなれないのです。

だから、なりたい自分を明確にイメージしましょう！　私たちは、なりたい自分にしかなれないのですから。

point

未来の自分をどう思い描くかは自分次第
人生は「未来のビジョン」の大きさで決まる

habit 90　目標を高く設定する

ワクワクする目標を設定しよう

目標が高いほど挑むのも楽しくなる

あなたは、「なりたい自分」になるために、どんな目標設定をしていますか？ 目標設定をする際、大多数の人は今の自分の実力や置かれた環境の範囲内で、自身の達成可能なゴール設定をします。しかし、その「達成可能なゴール設定」は、本当にあなたの「なりたい自分」とイコールなのでしょうか？

まわりの人がどう言うかなんて、関係ありません。まわりから「不可能だよ」と言われても、気にする必要はありません。ほかの人から見たら「不可能」に見えることだとしても、あなたがなりたい自分像、行き着きたい位置にチャレンジすればいいのです。

あなた自身が、その位置への到達を不可能と思っていたら、たどり着くことはできません。しかし、あなたがその位置への到達を可能と信じ、ワクワクとチャレンジし続ければ、いつしかたどり着きます。

あなたは、自分自身が「たどり着きたい位置」が、「目的地」が、見えていますか？

目標は高く設定すればいいのです。高い目標のほうが、挑むのも楽しいはずです。環境や状況、そして起きる現象は、誰が見ても同じです。それをどうとらえ、どう解釈し、どう対応するかはあなた次第です。

目標の高さで装備も努力も変わる

近所の小さな
山に登る

高度な登攀技
術を要する絶
壁を登る

普段着と
運動靴でいいか

ザイルとハーケン
と3日分の水と
食料と……

「どの山に登るか」「どんな山に登るか」によって装備や準備、努力などが変わるように、目標の高さによって戦略や戦術が変わります。ワクワクする高い目標を設定しましょう

悩めば悩むほど成長は加速する

あなたの目的地はどこでしょうか？ いつまでにどんな人になり、どんな仕事をしていて、何歳までにどんなことを成し遂げていたいのでしょうか？

自分の中に「明確な目的地」を持つことは重要です。なぜなら、目的地さえ明確であれば、そこまでの「道のり」や「手段」などが、具体的に見えてくるからです。仕事の進め方1つをとっても、どのような「道のりや手段」が自分にとってよいのか、まずは自分で考えてみましょう。目的地までの道のりや手段を考えて、悩んで、やってみる。そして、また考えてやる。悩めば悩むほど、あなたの成長は加速します。

point

**目標は高く設定したほうが挑むのが楽しくなる
目的地が明確なほど道のりや手段も見えてくる**

夢を作業にまで落とし込む

「夢に向かっての作業」を実行する

今できる行動レベルまで落とし込む

どれだけ夢を描いても、ワクワクしても、動かなければ何もはじまりません。夢を実現するためには、実行可能な作業にまで落とし込まないと動けません。この作業が、今のあなたにできることです。

たとえば、「起業して上場企業に育て上げる」と夢を描いたのなら、今のあなたができることは、ビジネスのアイデアを具体化することかもしれませんし、あるいは今の仕事を一生懸命にやって社内外の信頼を積み上げたり、人脈をつくったりすることかもしれません。

夢を実現するためには、「だから何をする？」「そしてどうする？」を考え、実行しなくてはなりません。夢を実現するためには、地道な作業が無数に存在します。

「今はそのタイミングではないので」「夢は夢ですよ。そのときが訪れたら」などと言って動かなければ、いつまで経っても夢は実現しません。夢は大きければ大きいほど、現実との自分の「開き」も大きくなります。だからこそ、今できる行動レベルまで落とし込まないと何も進みません。

夢の実現に必要な「作業」を書き込む

明日のあなたのスケジュールの中には、夢の実現に必要な「作

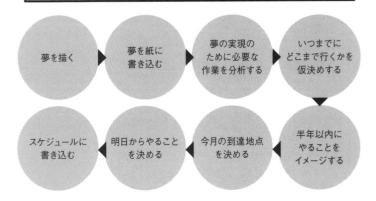

夢の実現までのロードマップを書く

夢を描く ▶ 夢を紙に書き込む ▶ 夢の実現のために必要な作業を分析する ▶ いつまでにどこまで行くかを仮決めする

スケジュールに書き込む ◀ 明日からやることを決める ◀ 今月の到達地点を決める ◀ 半年以内にやることをイメージする

業」が書き込まれていますか?

　どんな些細なことでもいいので、毎日のスケジュールにあなたの「夢に向かっての作業」を1つ書き込み、実行したら赤ペンで線を引いて消しましょう。この赤い線が増えると、これまでやってきたことが可視化されるので、「次に行くぞ!」というモチベーションも上がります。

❶夢を描く→夢を紙に書く(写真も貼る)→分析する

❷いつまでにどこまで行くかを仮に決める→半年以内にやることをイメージする→今月の到達地点を決める

　❶❷を実行すれば、明日やることが決まるので、明日のページに書き入れて、やってみて、やったら線を引いて消す。この繰り返しが、夢の実現へとつながる道になるです。

point

**夢を実現するための「作業」を
今できる行動レベルまで落とし込む**

自分の中の
新しい領域を開拓する

新たな出会いが自分の中の「枠」を外す

人は過去の延長線上で生きている

流れの速い現代社会では、自分の新しい領域を開拓するための「スピードと変化」が求められます。

私たちの脳は、今まで生きてきた過去のデータにもとづいて判断をします。ということは、どれだけ前向きに見える人でも、無意識のうちに過去の延長線上で生きていることがほとんどです。そして、成功体験の多い人は、その過去の成功体験の中で生きるようになり、失敗体験の多い人は、その過去の失敗体験の中で生きるようになるのです。

それでは、今までにない「自分の中の新しい領域」を開拓するためにはどうすればよいのでしょうか？

その答えは、「新たな人や本との出会い」です。

新たな出会いが固定概念を壊してくれる

とはいえ、出会うだけでは不十分です。新たな出会いから学んで、刺激を受け、実践する。**過去の記憶データの中に存在しない人や知識との出会いが、いつの間にかあなたの中にできてしまっていた「枠」を外し、あなたの固定概念を壊してくれるのです。**

だから、今日も出会いや学びをとおして、新しい自分の領域を拡大していきましょう。出会いの質と量で、アウトプットの

今日は昨日の繰り返しではない

成功体験	失敗体験

前に成功したこのやり方で続ければ大丈夫!

前に失敗したし、やっぱり無理なんだろうな

今日という日は「昨日の繰り返し」ではありません。新たな人や知識と出会い、毎日刺激的な人生を送ることで、一歩一歩成長していきましょう

質と量で、人生は大きく変わるのです。

　そして、安定ばかり求めずに、ときには不安定も楽しみましょう。もちろん、経済的安定は「より新しい可能性」にチャレンジしていくために必要なものではありますが、決して「変化のない人生」を送るためのものではありません。

　この世のあらゆるものは、時間経過とともに変化しており、ひとときも「同じ状態」を維持しているものはありません。私たちは全員、絶えず、変化の中に存在しているのです。

　毎日、刺激的な人生を送りましょう。私にとっての刺激は、やはり多くの出会いです。誰と出会い、何を一緒にして何を感じ、何をお返しして何を次に送れるか。その繰り返しによって、日々、成長させていただいているのだと思います。

point

自分の中の新しい領域を開拓するために
新たな人と出会い、学び、実践する

「人と同じやり方」に
こだわらない
「やり方」を「目的」に合わせる

同じやり方で成功している人はいない

私は、自分自身のポリシーのまとめとして、「常にチャレンジし続け、プラス思考・可能思考で取り組みます」と決めています。しかし私は、このポリシーも、この本でお伝えしたことも、すべてが「正解」だとは思っていません。この本は「自分はこう考えます」という切り口で書いていますが、最終的には、いろいろとあなたなりにアレンジしてほしいのです。

私は 35 歳から人材育成や社会人教育の現場で仕事をしてきました。その中で、数多くの「成功者」といわれる方々にもお会いしてきました。そうした経験を積み、行き着いた答えは**「同じやり方で成功している人などいない」**ということでした。

どんな成功者も、最初は基礎を学び、まねをすることからはじまるのですが、やがて、そこに「何のために」「誰のために」という、その人自身の想いを入れ、最後はオリジナルのやり方で勝負して、最終的に大きな成果を上げるのです。したがって、**全員「やり方」が違うので、なぜ成功したのかはわかりません**。

つまり、人と「違う」ということは当たり前なのです。

制約条件＝成長条件

たとえば、車をつくる技術者は、そのときの最先端の技術を開発して世に出します。しかし、その瞬間に、「今の半分のコ

「自分のやり方」を生み出す過程

❶ まずは基礎を学び実践してみる

❷ 実践の過程で「何のため」「誰のため」という自分の思いを入れ込む

❸ さらに実践と試行錯誤を繰り返して「自分のやり方」を見つける

誰もが成果を出せる「正解」があったとしても、それはすぐに古い手法になります。成果を出すためには実践と試行錯誤を繰り返して、新しい「自分のやり方」を見つけるしかありません

ストで倍の成果が出る技術を開発して」と言われます。そして、これが一生続くのです。「開発できない技術はない」という前提で、一生挑み続ける。「改善できない仕事はない」ということが大前提であり、「今日の世界一は、明日にはもう世界一ではない」というのが技術者の世界なのです。

世の中には、「これがないと、あれができない」といった制約条件がたくさんあります。しかし、それは「やり方」にこだわっているだけです。**こだわるべきなのは「やり方」ではなく「目的」です。「目的」にこだわり、「やり方」を「目的」に合わせることで、必ず今までにない「やり方」が見つかります。**そして、制約条件が厳しいほど、成長できます。

制約条件＝成長条件なのです。

point

同じやり方で成功している人などいない
目的にこだわり、やり方を目的に合わせる

「自分軸」を
つくり上げていく

準備をしておけば動じなくなる

1つ1つの仕事を大切にして生きていく

人生は「何かよい方法に頼りたい」と思っているだけでは、うまくいくことはありません。

なぜなら、いつでも誰にでも適用できるような普遍的な「よい方法」などないからです。

たしかに、「よい方法」を探すことにこだわり続けていれば、一見、効率がよいように見える方法が見つかることもあるかもしれません。

しかし結局は、外部やほかの人に何かを求めるのではなく、自分からまわりの人に価値あることを提供できないと、人生は変わりません。

だから、毎日意識してできることは1つしかありません。

それは、**「1つ1つの仕事を大切にして生きていく」**ということです。

「そんなことですか？」と思う人もいるかもしれませんが、私は、「1回1回の出会いを大切にして生きていく」と決意して実行するだけでも、人生は思いどおりになると信じています。

仕事をしていれば、誰かに会う、何かをはじめる、夢を持つなど、意識をしていなくてもいろいろなことが起きます。

そして、人生は壁だらけです。人生は問題しか起きません。

だから、**「自分がどう生きるか」を決めておく**のです。

1つ1つの仕事を大切にして生きる

これらは「仕事」に対するポリシーの例です。あなたも自分なりの「ポリシー」を考えてみましょう。

| 責任感を
強く持つ | 自分なりの価値
を生み出す | 常にチャレンジ
する |

| プラス思考・可能
思考で取り組む | スピードと正確さ
を磨き続ける |

仕事をするうえで重要なのが「信頼を積み重ねる」ことです。また、「あの人なら何かやってくれる」という期待感を持ってもらえるよう、自分なりの価値を生み出すことも意識しましょう

自分のポリシーを決めておく

何ごとも、準備をしておけば動じなくなります。それと同じように、何が起きても「自分がどう生きるのか」を先に決めておくことで、動じずに生きていくことができます。

「どう生きるか」を決めておくと、怖いものがなくなります。それが「自分軸」というものです。

私は、塾生のみなさんに「ポリシーが服を着て歩いているのがあなた自身ですよ」とお伝えしています。つまり、自分という存在は、よくも悪くも自分が決め、つくっているのです。

あなたも、自分のポリシーを決めてみてはいかがでしょうか? そして、そのポリシーを目指して生きていくのです。

point

「自分がどう生きるか」を決めておく
自分という存在は、自分が決め、つくっている

人は「やらなかったこと」に後悔する

自分の手で、自分の人生を変える

80歳以上の人の70%以上が後悔すること

過去にアメリカで行われた80歳以上の人を対象としたアンケート調査で、「あなたが人生でもっとも後悔していることは何ですか?」と聞いたそうです。その結果、70%以上の人がまったく同じ回答をしました。

その回答とは、**「チャレンジしなかったこと」**でした。

私もよく、前年を振り返って「もっとできたんじゃないか」「やっておけばよかった」と感じることがあります。

若いころは「生きていてもしょうがないよな」「どうせ俺なんて」「ひとりぼっちだよな」などと思っていた時期もありました。何とか仕事に就いても不誠実極まりない働き方をしていて、「真面目にやったってしょうがないやろ」と思っていたこともありました。

今考えると「あかんヤツ」です。

しかし、ある人との出会いや、ある学びや実践との出会いから、「やり直してみよう」と思うようになりました。

とはいえ、その後も順調に進んできたわけではありません。

会社を設立してからも、何度も「どうやって支払いしよう」「来月が限界かな」と思ったときがありましたが、その度に「もう一度」「まだまだこれから」「ここを乗り越えれば」と考え直し、チャレンジし続けました。

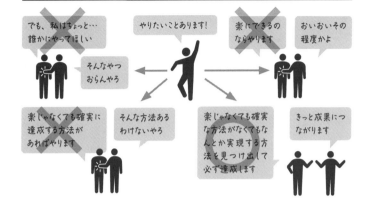

「やりたいこと」ができたときの考え方

でも、私はちょっと… 誰かにやってほしい

そんなやつ おらんやろ

やりたいことあります!

楽にできるの ならやります

おいおいその 程度かよ

楽じゃなくても確実に 達成する方法が あればやります

そんな方法ある わけないやろ

楽じゃなくても確実 な方法がなくてもな んとか実現する方法 を見つけ出して 必ず達成します

きっと成果につ ながります

「勇気の投資」で人生を変える

「イメージ＝結果」です。だから、「やりたくない」と思えば、やりたくない理由が見つかり、嫌々やっても最悪の結果になるでしょう。一方で、**「やりたい」と思えば、できる理由が見つかり、チャレンジすればできてしまいます。**

　人は誰しも、いつかは死を迎えます。今の私は、もしも明日、死ぬことになったとしても「何も後悔はありません」と言える人生を歩んでいくと決意しています。

　私の人生は、勇気の投資をした瞬間から大きく変わりはじめました。あなたもあなたの手で、あなたの人生を変えてくださいね。あなたは「できる人」です。チャレンジあるのみですよ。

point

　人は「チャレンジしなかったこと」を後悔する
　「やりたい」と思えば、できる理由が見つかる

habit 96

人生を変えるための
5つのポイント

自分で自分を教育する

時間の浪費＝命の浪費

こんな言葉があります。

「1時間の浪費を何とも思わない人は、人生の価値をまだ発見してはいない」

私たちは、「命とお金、どちらが大切ですか?」と質問されたら、おそらく100人中100人が「命です」と答えます。

もちろん、お金を紛失すればショックで落ち込む人も多いと思いますが、こと時間の浪費に関しては、無頓着な人も多いようです。しかし、**「命」が時間でできているのだとするならば、「時間の浪費＝命の浪費」ということになります。**

あなたは、どう考えますか?

今日は「残された時間の中で一番若い日」

1日24時間で、1週間は168時間です。無意識のまま何気なく生きていたら、時間は矢のように過ぎ去っていきます。

しかし、大丈夫です! まだ、時間は残されています。

ただし、自分の残り時間がどれだけあるのかは、誰にもわかりません。

ところで、すべての人に共通する事実があります。

それは、**今日という日が「残された時間の中で一番若い日」**だということです。

だからこそ、自分の1時間の価値を最大限上げることを常に意識しましょう。

重要なのは「自分が自分に与える教育」

時間そのものはコントロールできませんが、その時間でどんな価値を生み出すかは、自分自身で工夫し、コントロールし、つくり出すことができます。

ちなみに、学びには2種類あります。1つ目は「ほかの人から受ける教育」で、2つ目は「自分が自分に与える教育」です。

そして、この2つ目が大切です。

自分がひとりでいる時間に、何をするか? 自分で自分を、どう教育するのか? それが人生や運命を決めてしまうのです。

毎日が新しいスタートです。今日一日の立ち居振る舞いが、これからの人生に影響を与えるのだと肝に銘じ、学び、成長し続けましょう。

人生を変えるための5つのポイント

私はよく、「私、変わりたいです」という方から相談を受けます。そんなときは、「あなたご自身が"変える"と決めてさえいただければ、お手伝いできます」とお伝えしています。

ほんの少しの「勇気の投資」をするだけで、人生は変わります。そのためには、次の5つのポイントを押さえてください。

❶人生を変えるのは、些細な日常の積み重ね。「続けること」そのものに意味がある。

❷その習慣が意識せずにできるようになったら、次の習慣に挑戦する。常に新しいことをはじめる。

❸挫折したら次のものを設定すればいい。無理してできないこ

とを続けない。できない自分を知り、いったん認めて、現在地を認識する。

❹決して「他責」にしない。すべては「自分が源」と心得る。

❺人に親切にする。相手の気持ちを考える習慣を持つ。

「人生を変えたい」「このままではいけない」「よし、チャレンジしよう」と思った時点で、すでにあなたの人生は変わりはじめています。そして人は何歳からでも、必ず変わることができます。

「才能」は繰り返しによって身につく

「今日あなたが経験するすべてのできごとは、あなたを成長させるために起こること」という積極的な心構えを持って、あなたの才能を目覚めさせましょう。

「才能」とは、無意識に繰り返される「思考」「感情」「行動」のパターンです。1つのことを意識して繰り返すと、それはやがて意識しなくてもできるようになります。

繰り返すことで、意識から無意識へと入れ物が変わるのです。

したがって、「才能がある」とか「才能がない」といった表現は間違っています。なぜなら、「才能」は繰り返しによって身につくものだからです。

さあ、身につけたい才能を明確にして、身につくまで繰り返し反復しましょう。

point

重要なのは「自分が自分に与える教育」
人は何歳からでも、必ず変わることができる

■参考文献

『成功する社長が身につけている52の習慣』吉井雅之 著（同文舘出版）

『習慣が10割』吉井雅之 著（すばる舎）

『人生を変える！ 理想の自分になる！ 超速！ 習慣化メソッド見るだけノート』吉井雅之 著（宝島社）

『知らないうちにメンタルが強くなっている！』吉井雅之 著（三笠書房）

『最短最速で理想の自分になるワザ大全！ 習慣化ベスト100』吉井雅之 監修（宝島社）

■参考サイト

人生は習慣で創られている　吉井雅之オフィシャルブログ
https://ameblo.jp/nanimen12/

STAFF

編集／小芝俊亮（小道舎）
イラスト／本村誠
カバー・表紙・本文デザイン／森田千秋（Q.design）
DTP／G.B. Design House

吉井雅之（よしい まさし）

有限会社シンプルタスク代表取締役。習慣形成コンサルタント。喜働会会長。JADA協会SBT1級コーチ。「大人を元気にする」を使命に、自己実現のための習慣形成連続講座「喜働力塾」を全国で延べ84期実施、卒業生は4000人以上。習慣形成のメソッドを中心に、成果・結果を積み上げていく方々を、今なお多数輩出し続けている。多業種にわたり各企業の顧問として、人間力戦略のコンサルティング、人材育成トレーニングを中心に増収増益のお手伝いを担当する傍ら、習慣形成を軸に人材育成トレーニングや講演、セミナーで全国をまわっている。子供たちの夢を叶えるために、小、中、高等学校の生徒向け、保護者向けの講演も積極的に行うほか、脳の機能と習慣形成を活用した能力開発で、ビジネスマンだけでなく、スポーツチーム指導、受験生の能力アップも行っている。著書に『成功する社長が身につけている52の習慣』（同文舘出版）、『習慣が10割』（すばる舎）、『知らないうちにメンタルが強くなっている！』（三笠書房）、『人生を変える！ 理想の自分になる！ 超速！ 習慣化メソッド見るだけノート』『最短最速で理想の自分になるワザ大全！ 習慣化ベスト100』（以上、宝島社）、『60代までにやっておきたい人生の習慣を整える』（サンマーク出版）などがある。

仕事ができる人になる思考習慣

2023年5月31日　第1刷発行

著者	吉井雅之
発行者	佐藤 靖
発行所	大和書房
	東京都文京区関口1-33-4
	電話 03-3203-4511

本文印刷	光邦
カバー印刷	歩プロセス
製本所	ナショナル製本